SKCT

SK그룹 종합역량검사

실력평가 모의고사

KB144530

SKCT
SK그룹 종합역량검사
실력평가 모의고사

초판 인쇄 　　　　2022년 6월 28일
개정판 발행 　　　2023년 10월 10일

편 저 자 | 취업적성연구소
발 행 처 | ㈜서원각
등록번호 | 1999-1A-107호
주　　소 | 경기도 고양시 일산서구 덕산로 88-45(가좌동)
교재주문 | 031-923-2051
팩　　스 | 031-923-3815
교재문의 | 카카오톡 플러스 친구[서원각]
홈페이지 | goseowon.com

▷ 이 책은 저작권법에 따라 보호받는 저작물로 무단 전재, 복제, 전송 행위를 금지합니다.
▷ 내용의 전부 또는 일부를 사용하려면 저작권자와 (주)서원각의 서면 동의를 반드시 받아야 합니다.
▷ ISBN과 가격은 표지 뒷면에 있습니다.
▷ 파본은 구입하신 곳에서 교환해드립니다.

우리나라 기업들은 1960년대 이후 현재까지 비약적인 발전을 이루었다. 이렇게 급속한 성장을 이룰 수 있었던 배경에는 우리나라 국민들의 근면성 및 도전정신이 있었다. 그러나 빠르게 변화하는 세계 경제의 환경에 적응하기 위해서는 근면성과 도전정신 이외에 또 다른 성장 요인이 필요하다.

한국의 기업들은 지속가능한 성장을 하기 위해 혁신적인 제품 및 서비스 개발, 기술 선도를 위한 R&D, 새로운 비즈니스 모델 개발, 효율적인 기업 합병·인수, 신사업 진출 및 새로운 시장 개발 등 다양한 대안을 구축해 볼 수 있다. 하지만, 이러한 대안들 역시 훌륭한 인적자원을 바탕으로 할 때에 실현 가능하다. 최근 기업체들은 자신의 기업에 적합한 인재를 선발하기 위해 학벌 등 스펙 위주였던 기존의 채용에서 탈피하여 기업 고유의 인·적성검사제도를 도입하고 있다.

SK그룹에서도 업무에 필요한 역량 및 책임감과 적응력 등을 구비한 인재를 선발하기 위하여 고유의 인·적성검사인 SKCT를 치르고 있다.

본서는 SK그룹 계열사 채용을 준비하는 수험생을 대상으로 제작된 문제집으로, SKCT 출제 스타일을 반영한 문제들로 구성한 모의고사 5회분 수록함으로써 단기간에 최상의 학습 효과를 얻을 수 있도록 하였다.

합격을 향해 고군분투하는 당신에게 힘이 되는 교재가 되기를 바라며,
달려가는 그 길을 서원각이 진심으로 응원합니다.

제 01 회 | **48문항/50분** 실력평가 모의고사

1 다음 글에 나타난 '비극'에 대한 이해로 적절한 것은?

1 다음 글에 나타난 '비극'에 대한 이해로 대한

비극은 극 양식을 대표한다. 비극은 고대 그리스 시대부터 발전해 온 오랜 역사를 가지고 있다. 비극은 고양된 주제를 묘사하며, 불행한 결말을 맺게 된다. 그러나 비극의 개념은 시대와 역사에 따라 변하고 있다. 그리스 시대의 비극은 비극적 결말을 그려 냈다. 근대의 비극은 성격의 문제나 특징은 변하지 않는다.

비극은 그 본질적 속성이 역사적이라기보다 고귀하고 비범한 인물을 등장시킨다. 특징을 지니고 있다. 비극의 관객들은 공포와 비애를 경험하면서 카타르시스에 이르게 르시스에 이르게 된다. 아리스토텔레스가보다는 역사적이다.

다. 아리스토텔레스는 비극의 적이라고는 생각하지

8 PART. 01 실력평가 모의고사

제 01 회 | 정답 및 해설

1	③	2	③	3	②	4	⑤	5	④	6	③
11	①	12	①	13	⑤	14	⑤	15	①	16	③	17	⑤
21	②	22	③	23	⑤	24	②	25	①	26	③	27	②	28
31	⑤	32	④	33	①	34	②	35	④	36	②	37	①	38	⑤	39	⑤	40	⑤
41	⑤	42	①	43	①	44	④	45	⑤	46	①	47	①	48	③

1. ③
① 주어진 글에 따르면 비극의 개념은 시대와 역사에 따라 변한다.
② 불행한 결말은 필수적 요소가 아니며 결말이 좋게 끝나는 작품도 존재한다.
④ 비극의 주인공으로는 일상적인 주변 인간들보다 고귀하고 비범한 인물을 등장시킨다.
⑤ 비극의 본질적 속성은 역사적이라기보다 철학적이다.

2. ③
인터넷에서 정보를 찾을 수 있고, 국어사전에서 단어를 찾을 수 있다.

3. ②
카페, 영국, 발리우드를 통해 인도를 유추할 수 있다.

4. ⑤
① 교통 재해는 자연 재해의 종류에 속하지 않는다.
② 생물 재해는 자연 재해이며, 지변 재해와 중복되지도 않는다.
③ 글의 주제가 '자연 재해로 인한 재난과 나눔'이므로 '자연 재해를 예방하기 위한 실천 방안'보다는 자연 재해 피해자에 대한 구호 방안이 오는 것이 적절하다.

154 PART.02 정답 및 해설

6. ③

팀 \ 기록	승리 경기
가	2
나	0
다	0

실력평가 모의고사

실제 시험과 동일한 유형의 모의고사를 5회분 수록하여 충분한 문제풀이를 통한 효과적인 학습이 가능하도록 하였습니다.

정답 및 해설

정·오답에 대한 명쾌한 해설을 깔끔하게 담아 효율적이고 확실한 학습이 가능하도록 하였습니다.

1 실력평가 모의고사

2 정답 및 해설

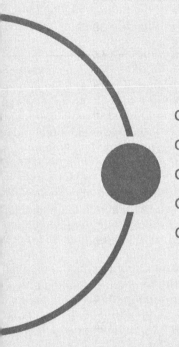

PART
01

실력평가
모의고사

48문항/50분 실력평가 모의고사

1 다음 글에 나타난 '비극'에 대한 이해로 적절한 것은?

> 비극은 극 양식을 대표한다. 비극은 고대 그리스 시대부터 발전해 온 오랜 역사를 가지고 있다. 비극은 고양된 주제를 묘사하며, 불행한 결말을 맺게 된다. 그러나 비극의 개념은 시대와 역사에 따라 변하고 있다. 그리스 시대의 비극은 비극적 결함이라고 하는 운명의 요건으로 인하여 파멸하는 인간의 모습을 그려 냈다. 근대의 비극은 성격의 문제나 상황의 문제로 인하여 패배하는 인간의 모습을 보여 준다.
>
> 비극은 그 본질적 속성이 역사적이라기보다 철학적이다. 비극의 주인공으로는 일상적인 주변 인간들보다 고귀하고 비범한 인물을 등장시킨다. 그런데 이 주인공은 이른바 비극적 결함이라고 하는 운명적 특징을 지니고 있다. 비극의 관객들은 이 주인공의 비극적 운명에 대한 공포와 비애를 체험하면서 카타르시스에 이르게 된다. 아리스토텔레스는 이 같은 주장에 의해서 비극을 인간의 삶의 중심에 위치시킨다. 아리스토텔레스는 비극의 결말이 불행하게 끝나는 것이 좋다고 보았으나, 불행한 결말이 비극에 필수적이라고는 생각하지 않았다. 사실 그리스 비극 가운데 결말이 좋게 끝나는 작품도 적지 않다.

① 비극의 개념이 가변적이라고 생각하지만 형식적 특성은 변하지 않는다.
② 비극의 다양한 형태에서도 '불행한 결말'을 포함한다는 속성은 유지한다.
③ 관객들은 비극을 통해 비범한 인간들의 운명에 대한 공포와 비애를 경험하면서 카타르시스에 이르게 된다.
④ 비극의 주인공은 비범하거나 고귀한 혈통을 가진 자가 아닌 평범한 인물이다.
⑤ 비극의 본질적 속성은 철학적이라기보다는 역사적이다.

	풀이종료시간 : [ ] – [ ]
	풀이소요시간 : [ ]분 [ ]초

2 제시된 단어와 같은 관계가 되도록 괄호 안에 적절한 단어를 고르시오.

> 인터넷 : 정보 = 국어사전 : (   )

① 시간   ② 길
③ 단어   ④ 음식
⑤ 날짜

3 다음에 제시된 9개의 단어 중 관련된 3개의 단어를 통해 유추할 수 있는 것을 고르시오.

> 젓가락, 카레, 계산기, 영국, 발리우드, 안경, 선인장, 초콜릿, 전구

① 태권도   ② 인도
③ 사막   ④ 바다
⑤ 사탕

4 〈보기〉는 '자연 재해로 인한 재난과 나눔'에 관한 글을 쓰기 위해 작성한 개요이다. 수정 의견으로 가장 적절한 것은?

〈보기〉

Ⅰ. 자연 재해의 피해
　－ 국내와 국외의 자연 재해 실태
Ⅱ. 자연 재해의 종류와 예방법
　1. 종류 ………… ㉠
　가. 기상 이변 : 태풍, 홍수, 가뭄
　나. 지변 재해 : 지진, 화산
　다. 생물 재해 : 병충해, 전염병, 풍토병 ………… ㉡
　2. 예방법
　가. 기상 이변에 대한 대비
　나. 위험 시설물의 지진 대비 설계
　다. 국내와 해외 이동의 검역 철저
Ⅲ. 자연 재해 피해자에 대한 구호 방안 ………… ㉢
　1. 각종 구호단체에 의연금 기부………… ㉣
　2. 자원 봉사를 통한 이재민 구호
　3. SNS(소셜 네트워크 서비스)를 통한 위험 경고………… ㉤
Ⅳ. 자연 재해의 재난 극복과 나눔의 세상 이룩

---

① ㉠의 하위 항목으로 '교통 재해 : 지하철 사고, 선박 침몰 사고'를 추가해야겠어.
② ㉡은 주제에서 벗어난 내용이어서 'Ⅱ-1-나'와 중복되므로 생략해야겠어.
③ 글의 완결성을 위해 ㉢은 '자연 재해를 예방하기 위한 실천 방안'으로 바꿔야겠어.
④ 주장을 강조하기 위해 ㉣을 '구호 단체에 대한 감독 철저'로 바꿔야겠어.
⑤ 논리적 일관성을 고려해 ㉤은 Ⅱ-2의 하위 항목으로 옮겨야겠어.

5 오후 1시 36분에 사무실을 나와 분속 70m의 일정한 속도로 서울역까지 걸어가서 20분간 내일 부산 출장을 위한 승차권 예매를 한 뒤, 다시 분속 50m의 일정한 속도로 걸어서 사무실에 돌아와 시계를 보니 2시 32분이었다. 이때 걸은 거리는 모두 얼마인가?

① 1,050m

② 1,500m

③ 1,900m

④ 2,100m

⑤ 2,400m

6 다음 표는 축구팀 '가~'다' 사이의 경기 결과이다. 이에 대한 〈보기〉의 설명 중 옳은 것을 모두 고르면?

기록 \ 팀	승리 경기 수	패배 경기 수	무승부 경기 수	총 득점	총 실점
가	2			9	2
나				4	5
다			1	2	8

※ 각 팀이 나머지 두 팀과 각각 한 번씩만 경기를 한 결과임.

─── 〈보기〉 ───

㉠ '가'의 총득점은 8점이다.

㉡ '나'와 '다'의 경기 결과는 무승부이다.

㉢ '가'는 '나'와의 경기에서 승리했다.

㉣ '가'는 '다'와의 경기에서 5:0으로 승리했다.

① ㉠㉢

② ㉠㉣

③ ㉡㉢

④ ㉡㉣

⑤ ㉡㉢㉣

7 다음 전개도를 접었을 때 나타나는 정육면체의 모양이 아닌 것을 고르시오.

①

②

③

④

⑤

8 다음 도형을 펼쳤을 때 나타날 수 있는 전개도를 고르시오.

①

②

③

④

⑤

9 다음 글의 ㉠~㉣을 문맥적 의미가 유사한 것끼리 올바르게 묶은 것은?

> ㉠자신의 신념과 일치하는 정보는 받아들이고 그렇지 않은 정보는 무시하는 경향을 확증 편향(confirmation bias)이라고 한다. 기존의 믿음이나 견해와 일치하는 정보는 적극적으로 수용하되 ㉡그에 반대되는 정보는 무시하거나 주목하지 않는 심리경향을 말한다. 사회심리학자인 로버트 치알디니에 따르면 자신이 가진 기존의 견해와 일치하는 정보에는 두 가지 이점이 있다고 한다. 첫째, 그러한 정보는 어떤 문제에 대해 더 이상 고민하지 않고 마음의 휴식을 취할 수 있도록 해 준다. 둘째, ㉢그러한 정보는 우리를 추론의 결과로부터 자유롭게 해 준다. 즉 추론의 결과 때문에 행동을 바꿔야 할 필요가 없는 것이다. 첫 번째 이점은 생각하지 않게 하고, 두 번째 이점은 행동하지 않게 한다는 것인데, 이를 입증하기 위해 특정의 정치 성향을 가진 사람들을 대상으로 실험을 실시하였다. 그 결과, ㉣반대 당 후보의 주장에 대해서는 거의 기억하지 못한 반면, 지지하는 당 후보의 주장에 대해서는 거의 대부분을 기억해 냈다.

① ㉠㉣ / ㉡㉢   ② ㉠ / ㉡㉢㉣
③ ㉠㉡ / ㉢㉣   ④ ㉡ / ㉠㉢㉣
⑤ ㉠㉢ / ㉡㉣

10 다음 그림에 대한 옳은 분석을 〈보기〉에서 모두 고른 것은?

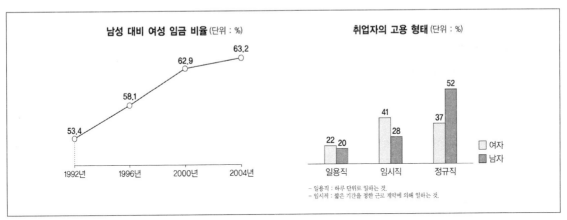

〈보기〉

㉠ 남성 취업자는 정규직의 비율이 가장 높다.
㉡ 남녀 간 임금 수준의 불평등이 완화되고 있다.
㉢ 고용 형태에서 남성의 지위가 여성보다 불안하다.
㉣ 경제 활동에 참여하는 여성들이 점차 줄어들고 있다.

① ㉠, ㉡   ② ㉠, ㉢
③ ㉡, ㉢   ④ ㉡, ㉣
⑤ ㉢, ㉣

11 다음 조건을 읽고 옳은 설명을 고르시오.

> • 민주, 소라, 정희, 아라는 모두 민혁이를 좋아한다.
> • 찬수는 영희를 좋아한다.
> • 영훈은 소라를 좋아한다.
> • 민혁이는 아라를 좋아한다.

> A : 민혁이와 아라는 서로 좋아하는 사이다.
> B : 영희는 찬수를 좋아한다.

① A만 옳다.

② B만 옳다.

③ A와 B 모두 옳다.

④ A와 B 모두 그르다.

⑤ A와 B 모두 옳은지 그른지 알 수 없다.

12 어느 과학자는 자신이 세운 가설을 입증하기 위해서 다음과 같은 논리적 관계가 성립하는 여섯 개의 진술 A, B, C, D, E, F의 진위를 확인해야 한다는 것을 발견하였다. 그러나 그는 이들 중 F가 거짓이라는 것과 다른 한 진술이 참이라는 것을 이미 알고 있었기 때문에, 나머지 진술들의 진위를 확인할 필요가 없었다. 이 과학자가 이미 알고 있었던 참인 진술은?

> • B가 거짓이거나 C가 참이면, A는 거짓이다.
> • C가 참이거나 D가 참이면, B가 거짓이고 F는 참이다.
> • C가 참이거나 E가 거짓이면, B가 거짓이거나 F가 참이다.

① A   ② B

③ C   ④ D

⑤ E

13 다음과 같이 화살표 방향으로 종이를 접었을 때의 뒷면의 모양에 해당하는 것을 고르시오.

①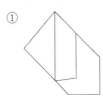

②

③

④

⑤

14 다음과 같이 화살표 방향으로 종이를 접어 펀칭한 뒤 펼친 모양에 해당하는 것을 고르시오.

①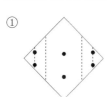

②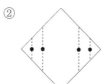

③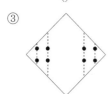

④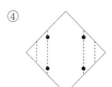

⑤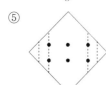

15 다음 제시된 기호의 규칙을 찾아 빈칸에 들어갈 알맞은 숫자를 구하시오.

13@11 = 1   22@25 = 8   15@32 = 4   (19@21)@15 = (   )

① 6

② 5

③ 4

④ 3

⑤ 2

16 다음은 어느 회사의 직종별 직원 비율을 나타낸 것이다. 2022년에 직원 수가 1,800명이었다면 재무부서의 직원은 몇 명인가?

(단위 : %)

직종	2018년	2019년	2020년	2021년	2022년
판매 · 마케팅	19.0	27.0	25.0	30.0	20.0
고객서비스	20.0	16.0	12.5	21.5	25.0
생산	40.5	38.0	30.0	25.0	22.0
재무	7.5	8.0	5.0	6.0	8.0
기타	13.0	11.0	27.5	17.5	25.0
계	100	100	100	100	100

① 119명
② 123명
③ 144명
④ 150명
⑤ 155명

17 다음 자료는 최근 3년간의 행정구역별 출생자 수를 나타낸 표이다. 다음 보기 중 2019년부터 2021년까지 출생자가 가장 많이 증가한 행정구역은?

(단위 : 명)

	2019년	2020년	2021년
서울특별시	513	648	673
부산광역시	436	486	517
대구광역시	215	254	261
울산광역시	468	502	536
인천광역시	362	430	477
대전광역시	196	231	258
광주광역시	250	236	219
제주특별자치시	359	357	361
세종특별자치시	269	308	330

① 부산
② 울산
③ 대전
④ 세종
⑤ 서울

18 다음 글의 빈칸에 들어갈 말로 적절한 것은?

먼저 냉장고를 사용하면 전기를 낭비하게 된다. 언제 먹을지 모를 음식을 보관하는 데 필요 이상으로 전기를 쓰게 되는 것이다. 전기를 낭비한다는 것은 전기를 만드는 데 쓰이는 귀중한 자원을 낭비하는 것과 같다.

(   ) 냉장고가 없던 시절에는 식구가 먹고 남을 정도의 음식을 만들거나 얻게 되면 미련 없이 이웃과 나누어 먹었다. 여러 가지 이유가 있겠지만 그 이유 가운데 하나는 남겨 두면 음식이 상한다는 것이었다. 그런데 냉장고를 사용하게 되면서 그 이유가 사라지게 되고, 이에 따라 이웃과 음식을 나누어 먹는 일이 줄어들게 되었다. 냉장고에 넣어 두면 일주일이고 한 달이고 오랫동안 상하지 않게 보관할 수 있기 때문이다. 냉장고는 점점 커지고, 그 안에 넣어 두는 음식은 하나둘씩 늘어난다.

또한 냉장고는 당장 소비할 필요가 없는 것들을 사게 한다. 그리하여 애꿎은 생명을 필요 이상으로 죽게 만들어서 생태계의 균형을 무너뜨린다. 짐승이나 물고기 등을 마구 잡고, 당장 죽이지 않아도 될 수많은 가축을 죽여 냉장고 안에 보관하게 한다. 대부분의 가정집 냉장고에는 양의 차이는 있지만 닭고기, 쇠고기, 돼지고기, 생선, 멸치, 포 등이 쌓여 있다. 이것을 전국적으로, 아니 전 세계적으로 따져 보면 엄청난 양이 될 것이다. 우리는 냉장고를 사용함으로써 애꿎은 생명들을 필요 이상으로 죽여 냉동하는 만행을 습관적으로 저지르고 있는 셈이다.

① 냉장고의 사용으로 음식들의 유통기한이 늘어나고 있다.
② 우리는 냉장고를 쓰면서 인정을 잃어 간다.
③ 우리는 냉장고를 통해 안정적으로 식량을 확보할 수 있다.
④ 냉장고는 음식에 대한 보다 넓은 가능성을 제시한다.
⑤ 먹을 만큼의 음식만 만들어 식재료의 낭비가 줄었다.

19 다음 제시된 그림과 같이 쌓기 위해 필요한 블록의 수를 구하시오.

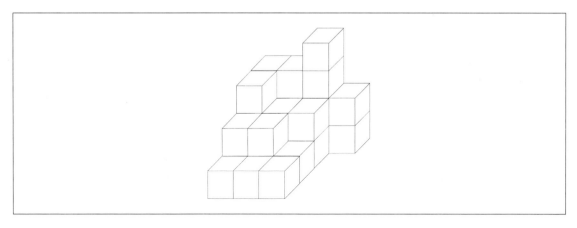

① 27개   ② 28개
③ 29개   ④ 30개
⑤ 31개

20 작년까지 A시의 지역 축제에서 A시민에게는 60% 할인된 가격으로 입장료를 판매하였는데 올해부터는 작년 가격에서 각각 5,000원씩 추가 할인하여 판매하기로 했다. 올해 일반 성인입장료와 A시민 성인입장료의 비가 5 : 2일 때, 올해 일반 성인입장료는 얼마인가?

① 9,000원
② 9,500원
③ 10,000원
④ 10,500원
⑤ 11,000원

21 두 자리의 자연수가 있다. 십의 자리의 숫자의 2배는 일의 자리의 숫자보다 1이 크고, 십의 자리의 숫자와 일의 자리의 숫자를 바꾼 자연수는 처음 수보다 9가 크다고 한다. 이를 만족하는 자연수는?

① 21
② 23
③ 28
④ 31
⑤ 34

22 다음은 고령화 시대의 노인 복지 문제라는 제목으로 글을 쓰기 위해 수집한 자료이다. 자료를 모두 종합하여 설정할 수 있는 논지 전개 방향으로 가장 적절한 것은?

> ㉠ 노령화 지수 추이(통계청)
>
> | 연도 | 1990 | 2000 | 2010 | 2020 | 2030 |
> |---|---|---|---|---|---|
> | 노령화 지수 | 20.0 | 34.3 | 62.0 | 109.0 | 186.6 |
>
> ※ 노령화 지수 : 유년인구 100명당 노령인구
>
> ㉡ 경제 활동 인구 한 명당 노인 부양 부담이 크게 증가할 것으로 예상된다. 노인 인구에 대한 의료비 증가로 건강 보험 재정도 위기 상황에 처할 수 있을 것으로 보인다. 향후 노인 요양 시설 및 재가(在家) 서비스를 위해 부담해야 할 투자비용도 막대하다.
>
> – 00월 00일 ○○뉴스 중 –
>
> ㉢ 연금 보험이나 의료 보험 같은 혜택도 중요하지만 우리 같은 노인이 경제적으로 독립할 수 있도록 일자리를 만들어 주는 것이 더 중요한 것 같습니다.
>
> – 정년 퇴직자의 인터뷰 중 –

① 노인 인구의 증가 속도에 맞춰 노인 복지 예산 마련이 시급한 상황이다. 노인 복지 예산을 마련하기 위한 구체적 방안은 무엇인가?

② 노인 인구의 급격한 증가로 여러 가지 사회 문제가 나타날 것으로 예상된다. 이러한 상황의 심각성을 사람들에게 어떻게 인식시킬 것인가?

③ 노인 인구의 증가가 예상되면서 노인 복지 대책 또한 절실히 요구되고 있다. 이러한 상황에서 노인 복지 정책의 바람직한 방향은 무엇인가?

④ 노인 인구가 증가하면서 노인 복지 정책에 대한 노인들의 불만도 높아지고 있다. 이러한 불만을 해소하기 위해서 정부는 어떠한 노력을 해야 하는가?

⑤ 현재 정부의 노인 복지 정책이 마련되어 있기는 하지만 실질적인 복지 혜택으로 이어지지 않고 있다. 이러한 현상이 나타나게 된 근본 원인은 무엇인가?

23 다음의 내용이 모두 참일 때, 결론이 타당하기 위해서 추가로 필요한 진술은?

> ⊙ 자동차는 1번 도로를 지나왔다면 이 자동차는 A마을에서 왔거나 B마을에서 왔다.
> ⓛ 자동차가 A마을에서 왔다면 자동차 밑바닥에 흙탕물이 튀었을 것이다.
> ⓒ 자동차가 A마을에서 왔다면 자동차의 모습을 담은 폐쇄회로 카메라가 적어도 하나가 있을 것이다.
> ⓔ 자동차가 B마을에서 왔다면 도로 정체를 만났을 것이고 적어도 한 곳의 검문소를 통과했을 것이다.
> ⑩ 자동차가 도로정체를 만났다면 자동차의 모습을 닮은 폐쇄회로 카메라가 적어도 하나가 있을 것이다.
> ⓗ 자동차가 적어도 검문소 한 곳을 통과했다면 자동차 밑바닥에 흙탕물이 튀었을 것이다.
> ∴ 따라서 자동차는 1번 도로를 지나오지 않았다.

① 자동차 밑바닥에 흙탕물이 튀었을 것이다.

② 자동차는 도로 정체를 만나지 않았을 것이다.

③ 자동차는 적어도 검문소 한 곳을 통과했을 것이다.

④ 자동차는 검문소를 한 곳도 통과하지 않았을 것이다.

⑤ 자동차 모습을 담은 폐쇄회로 카메라는 하나도 없을 것이다.

24 A회사의 건물에는 1층에서 4층 사이에 5개의 부서가 있다. 다음 보기 중 조건에 부합하는 것은?

> • 영업부와 기획부는 복사기를 같이 쓴다.
> • 3층에는 경리부가 있다.
> • 인사부는 홍보부의 바로 아래층에 있다.
> • 홍보부는 영업부의 아래쪽에 있으며 2층의 복사기를 쓰고 있다.
> • 경리부는 위층의 복사기를 쓰고 있다.

① 영업부는 기획부와 같은 층에 있다.

② 경리부는 4층의 복사기를 쓰고 있다.

③ 인사부는 2층의 복사기를 쓰고 있다

④ 기획부는 4층에 있다.

⑤ 영업부는 3층의 복사기를 쓰고 있다.

25 다음은 일정한 규칙에 따라 배열한 수열이다. 빈칸에 들어갈 알맞은 수를 구하시오.

12   13   15   18   22   (   )

① 27

② 26

③ 25

④ 24

⑤ 23

26 창고에 가득 찬 짐을 기계의 도움 없이 하루 만에 바로 옆 창고로 옮기기 위해서는 남자 3명 또는 여자 9명이 필요하다. 오늘 하루에 짐을 다 옮겨야 하는데 남자 인부를 2명밖에 구하지 못했다면 여자 인부가 최소 몇 명이 필요한가?

① 1명

② 2명

③ 3명

④ 4명

⑤ 5명

27 다음에 제시된 숫자의 배열을 보고 규칙을 찾아 "?"에 들어갈 숫자를 구하시오.

5			8			7	
4	5		9	18		?	14

① 7

② 8

③ 9

④ 10

⑤ 11

28 다음은 A지역 출신 210명의 학력을 조사한 표이다. A지역 여성 중 중졸 이하 학력의 비율은 얼마인가?

(단위 : 명)

성별 \ 학력	초졸	중졸	고졸	대졸	합계
남성	10	35	45	30	120
여성	10	25	35	20	90
합계	20	60	80	50	210

① $\dfrac{11}{24}$

② $\dfrac{5}{13}$

③ $\dfrac{8}{9}$

④ $\dfrac{5}{8}$

⑤ $\dfrac{7}{18}$

29 주어진 문장 위에 이어질 문장을 순서대로 바르게 나열한 것은?

> 홉스봄과 레인저는 오래된 것이라고 믿고 있는 전통의 대부분이 그리 멀지 않은 과거에 '발명'되었다고 주장한다. 예컨대 스코틀랜드 사람들은 킬트(kilt)를 입고 전통 의식을 치르며, 이를 대표적인 전통 문화라고 믿는다.

> ㉠ 그러나 킬트는 1707년에 스코틀랜드가 잉글랜드에 합병된 후, 이곳에 온 한 잉글랜드 사업가에 의해 불편한 기존의 의상을 대신하여 작업복으로 만들어진 것이다.
> ㉡ 이때 채택된 독특한 체크무늬가 각 씨족을 대표하는 의상으로 자리를 잡게 되었다.
> ㉢ 킬트의 독특한 체크무늬가 각 씨족의 상징으로 자리 잡은 것은, 1822년에 영국 왕이 방문했을 때 성대한 환영 행사를 마련하면서 각 씨족장들에게 다른 무늬의 킬트를 입도록 종용하면서부터이다.
> ㉣ 반란 후, 영국 정부는 킬트를 입지 못하도록 했다. 그런데 일부가 몰래 집에서 킬트를 입기 시작했고, 킬트는 점차 전통 의상으로 여겨지게 되었다.
> ㉤ 이후 킬트는 하층민을 중심으로 유행하였지만, 1745년의 반란 전까지만 해도 전통 의상으로 여겨지지 않았다.

① ㉠ - ㉣ - ㉤ - ㉡ - ㉢

② ㉠ - ㉣ - ㉤ - ㉢ - ㉡

③ ㉠ - ㉤ - ㉣ - ㉢ - ㉡

④ ㉡ - ㉠ - ㉣ - ㉤ - ㉢

⑤ ㉡ - ㉣ - ㉠ - ㉤ - ㉢

30 다음 글에서 언급하지 않은 내용은?

독일의 학자 아스만(Asmann. A)은 장소가 기억의 주체, 기억의 버팀목이 될 수도 있고, 인간의 기억을 초월하는 의미를 제공할 수도 있다고 하였다. 그렇다면 하루가 다르게 변해 가는 오늘날의 삶에서 장소에 대한 기억이 우리에게 주는 의미는 무엇인가?

장소에 대한 기억에 대해 사람들은 다소 애매하면서도 암시적인 표현을 사용한다. 이는 사람들이 장소를 기억하는 것인지, 아니면 장소에 대한 기억, 곧 어떤 장소에 자리하고 있는 기억을 말하는 것인지 분명하지 않기 때문이다. 이에 대해 아스만은 전자를 '기억의 장소', 후자를 '장소의 기억'으로 구분한다. 그녀의 구분에 의하면 기억의 장소는 동일한 내용을 불러일으키는 것을 목적으로 하는 장소로, 내용을 체계적으로 저장하고 인출하기 위한 암기의 수단으로 쓰인다. 이와 달리 장소의 기억은 특정 장소와 결부되어 있는 기억이다. 사람들은 그들의 관점과 시각, 욕구에 따라 과거를 현재화하며, 기억하는 사람에 따라 다르게 장소의 기억을 형성한다.

오늘날의 사회에서는 시대의 변화로 인해 기억의 장소에서 시선을 옮겨 장소의 기억에 주목하고 있다. 기억의 장소의 경우, 넘쳐 나게 된 정보와 지식들로 인해 암기 차원의 기억은 정보 기술 분야에서 다룰 수 있으므로 그 기능을 잃게 되었다.

한편, 현대인의 삶이 파편화되고 공유된 장소가 개별화되면서 공동체가 공유하고 있는 정체성까지도 단절되고 있다. 마치 오랜 세월 동안 사람들의 일상 속에서 과거의 기억과 삶의 정취를 고스란히 담아 온 골목이 단순한 통로, 주차장, 혹은 사적 소유지로 변해 버린 것과 같다. 이러한 단절을 극복하고 공동의 정체성을 회복할 수 있는 방안으로 중요하게 기능하는 것이 장소의 기억이다. 장소의 기억은 특정 장소에 대하여 각자의 기억들을 공유한다. 그리고 여러 시대에 걸쳐 공유해 온 장소의 기억은 장소를 매개로 하여 다시 전승되어 가며 공동의 기억과 공동의 정체성을 형성해 나간다. 개별화된 지금의 장소가 다시 공유된 장소로 회복될 때 장소의 기억이 공유될 수 있다. 또 이를 통해 우리의 파편화된 삶은 다시 그 조각들을 맞추어 나갈 수 있게 될 것이다. 장소의 공유 안에서 단절되었던 공동체적 정체성도 전승되어 가는 것이다.

장소는 오래 전의 기억을 현재 시점으로 불러올 수 있는 중요한 수단이다. 이제는 시간의 흔적이 겹겹이 쌓인 장소의 기억에서 과거와의 유대를 활성화해 나갈 시점이다.

① '기억의 장소'의 특징
② '기억의 장소'의 구체적 사례
③ '장소의 기억'의 형성 과정
④ '장소의 기억'의 현대적 가치
⑤ '기억의 장소'와 '장소의 기억'의 차이점

31 다음 글에서 '프롬'이 말하는 '정보화 사회의 공동체'에 해당하는 예로 가장 적절한 것은?

정보화로 인한 개체화는 한편으로는 개인의 자유를 신장시키지만 다른 한편으로는 개인의 책임을 증대시켜 프롬(Erich Fromm)이 말했던 '자유로부터 도피'하려는 욕구를 일으키기도 한다. 개인들은 자신들을 집단에 소속시키거나 자신과 같은 입장에 있는 사람과의 유대를 통해서 책임을 분담하려 할 것이다. 또한 프롬이 주장한 바와 같이 개체와의 욕구와 유대의 요구는 다 같이 기본적인 인간의 욕구이기 때문에 정보화 사회가 개인들이 개체화되면 될수록 공동체의 욕구도 강화될 것으로 예상할 수 있다. 그러나 정보화 사회의 공동체는 혈연, 지연 등과 같은 원초적 관계에 기초한 사회적 연대와는 달리 '자율적'이고 '평등한' 개인들 간의 '자발적' 연대에 의해 형성되는 소규모의 '인격적' 공동체의 성격을 띠게 될 것이다.

① 가족   ② 학교
③ 동호회   ④ 회사
⑤ 친구

32 다음 제시된 세 개의 단면을 참고하여 이에 해당하는 입체도형을 고르시오.

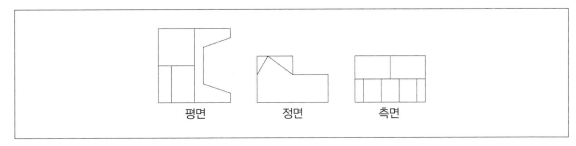

①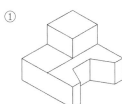

②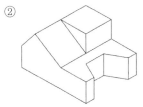

③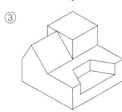

④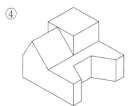

⑤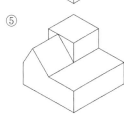

33 다음 각 기호가 일정한 규칙에 따라 문자들을 변환시킬 때, 문제의 "?'에 들어갈 알맞은 것을 고르시오.

```
                    1212        3234
                     ↓           ↓
    2351   →    □    →    ☆    →   2362
                     ↓           ↓
    3523   →    □    →    ○    →   3422
                     ↓           ↓
                    1212        4143
```

1523 → ○ → □ → ?

① 2421

② 1568

③ 2496

④ 1236

⑤ 2311

34 다음 도형에서 찾을 수 있는 모든 삼각형의 수는?

① 24개

② 26개

③ 28개

④ 30개

⑤ 32개

35 다음 제시된 〈보기〉의 블록이 도형 A, B, C를 조합하여 만들어질 때, 도형 C에 해당하는 것을 고르시오.

〈보기〉	도형 A	도형 C	도형 C

①
②

③
④

⑤

36 정육면체의 겉넓이가 $54cm^2$이다. 이 정육면체의 부피는?

① $6\sqrt{6}\,cm^3$ ② $27cm^3$

③ $48cm^3$ ④ $54cm^3$

⑤ $64cm^3$

37 다음 글의 서술상의 특징으로 옳지 않은 것은?

> 한국문학은 흔히 한국 민족에 의해 한국어를 기반으로 계승·발전한 문학을 일컫는다. 그렇다면 한국문학에는 어떤 것들이 있을까? 한국문학은 크게 세 가지로 구분할 수 있는데 차자문학, 한문학, 국문학이 그것이다. 차자문학은 고대시대에 우리말을 따로 표기할 문자가 없어 중국의 한자를 우리말 어순에 맞게 빌려와 기록한 문학으로 대표적인 예로 향가를 들 수 있다. 그리고 한문학이란 한문으로 기록된 문학을 말하는데 중세시대 동아시아의 모든 국가들이 공통 문자로 한문을 사용했다는 점에서 이 시기 한문학 또한 우리 한국문학의 하나로 볼 수 있다. 마지막으로 국문학은 조선 세종의 훈민정음 창제 이후 훈민정음(한글)로 기록된 문학을 말한다.

① 기존의 주장을 반박하는 방식으로 논지를 펼치고 있다.
② 용어의 정의를 통해 논지에 대한 독자의 이해를 돕고 있다.
③ 의문문을 사용함으로써 독자들에게 호기심을 유발시키고 있다.
④ 근거를 갖추어 주장을 펼치고 있다.
⑤ 예시와 열거 등의 설명 방법을 구사하여 주장의 설득력을 높이고 있다.

38 다음 진술이 참이 되기 위해서 꼭 필요한 전제를 보기에서 모두 고르시오.

> 어머니는 깔끔한 사람이다.

〈보기〉

㉠ 어머니는 행복하다.
㉡ 어머니는 일찍 주무신다.
㉢ 어머니는 매일 청소를 하신다.
㉣ 청소를 하는 사람은 깔끔한 사람이다.
㉤ 일찍 자는 사람은 부지런한 사람이다.
㉥ 행복한 사람은 미래지향적인 사람이다.

① ㉠㉣   ② ㉠㉤
③ ㉡㉣   ④ ㉡㉤
⑤ ㉢㉣

39 빅데이터에 대한 이해로 적절하지 않은 것은?

> 빅데이터는 그 규모가 매우 큰 데이터를 말하는데, 이는 단순히 데이터의 양이 매우 많다는 것뿐 아니라 데이터의 복잡성이 매우 높다는 의미도 내포되어 있다. 데이터의 복잡성이 높다는 말은 데이터의 구성 항목이 많고 그 항목들의 연결 고리가 함께 수록되어 있다는 것을 의미한다. 데이터의 복잡성이 높으면 다양한 파생 정보를 끌어낼 수 있다. 데이터로부터 정보를 추출할 때에는, 구성 항목을 독립적으로 이용하기도 하고, 두 개 이상의 항목들의 연관성을 이용하기도 한다. 일반적으로 구성 항목이 많은 데이터는 한 번에 얻기 어렵다. 이런 경우에는, 따로 수집되었지만 연결 고리가 있는 여러 종류의 데이터들을 연결하여 사용한다.
>
> 가령 한 집단의 구성원의 몸무게와 키의 데이터가 있다면, 각 항목에 대한 구성원의 평균 몸무게, 평균 키 등의 정보뿐만 아니라 몸무게와 키의 관계를 이용해 평균 비만도 같은 파생 정보도 얻을 수 있다. 이때는 반드시 몸무게와 키의 값이 동일인의 것이어야 하는 연결 고리가 있어야 한다. 여기에다 구성원들의 교통 카드 이용 데이터를 따로 얻을 수 있다면, 이것을 교통 카드의 사용자 정보를 이용해 사용자의 몸무게와 키의 데이터를 연결할 수 있다. 이렇게 연결된 데이터 세트를 통해 비만도와 대중교통의 이용 빈도 간의 파생 정보를 추출할 수 있다. 연결할 수 있는 데이터가 많을수록 얻을 수 있는 파생 정보도 늘어난다.

① 빅데이터 구성 항목을 독립적으로 이용하여 정보를 추출하기도 한다.
② 빅데이터를 구성하는 데이터의 양은 매우 많다.
③ 빅데이터를 구성하는 데이터의 복잡성은 매우 높다.
④ 빅데이터에는 구성 항목들 간의 연결 고리가 함께 포함되어 있다.
⑤ 빅데이터에서는 파생 정보를 얻을 수 없다.

40 357m의 길 양측에 같은 간격으로 나무를 심으려 한다. 7m 간격으로 심을 때 나무는 몇 그루가 필요한가?

① 51그루　　　　　　　　　　② 52그루
③ 98그루　　　　　　　　　　④ 102그루
⑤ 104그루

41 다음 제시된 입체 중에서 나머지와 모양이 다른 하나를 고르시오.

①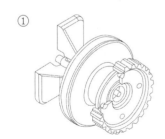

②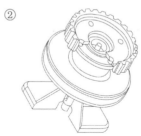

③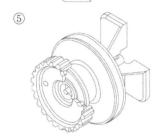

④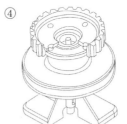

⑤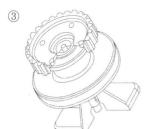

42 다음은 블록을 위에서 본 모습이다. 블록의 개수로 옳은 것은?

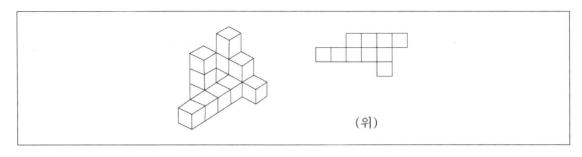

(위)

① 15   ② 16

③ 17   ④ 18

⑤ 20

43 글의 저자가 표준어 규정 및 맞춤법 규정 등이 지켜지지 않는 이유로 제시하고 있는 것은?

> 우리말에서 신경을 써서 가꾸고 다듬어야 할 요소들은 여러 가지가 있지만, 반드시 강조해 두고 싶은 것은 규범을 지키는 언어생활이다.
>
> 우리는 우리말 사용에서 나타날 수 있는 혼란을 방지하기 위하여 표준어 규정, 맞춤법 규정, 표준 발음 규정, 외래어 표기법 같은 국가적 차원의 규범을 만들어 놓고 언어생활에서 이를 지키도록 하고 있다. 나는 소위 선진국이라는 나라에 몇 번 머무를 기회가 있었는데, 철자를 잘못 적는 일은 한 번도 목격한 적이 없다. 이에 반해 우리의 실정은 어떠한가? 거리에 나가 거닐면서 각종 상점의 간판, 광고, 표지 등을 잠깐만 살펴보더라도, 규범을 지키지 않은 사례들이 한두 건은 어렵지 않게 찾아낼 수 있을 정도이다. 또, 공식적인 자리에서조차 표준어 규정이나 표준 발음에 어긋나는 말을 서슴지 않고 하거나, 심지어 영어 철자법에는 자신이 있는데 한글 맞춤법은 어려워서 영 자신이 없다고 무슨 자랑거리라도 되는 듯이 이야기하는 지식인을 본 적도 있다. 사실, 영어의 철자는 너무나도 불규칙해서 송두리째 암기하지 않으면 안 된다. 이에 비하면, 우리말의 맞춤법은 영어와는 비교가 되지 않을 정도로 쉽다. 그런데도 우리말의 맞춤법이 어렵다고 생각하게 되었다면, 그것은 결국 우리말을 소홀하게 생각해 온데서 비롯된 결과가 아니겠는가?

① 우리말에 대한 국민의 관심이 적다.
② 새로 바뀐 맞춤법의 교육이 이루어지지 않았다.
③ 정부의 정책적인 홍보가 부족하다.
④ 표준어 규정이나 맞춤법 규정 등의 내용이 너무 어렵다.
⑤ 새로운 규범이 사회에 정착하려면 시간이 걸린다.

44 통신사 A의 월별 기본료는 40,000원이고 무료통화는 300분이 제공되며 무료통화를 다 쓴 후의 초과 1분당 통화료는 60원이다. 통신사 B의 월별 기본료는 50,000원이고 무료통화는 400분 제공되고 초과 1분당 통화료는 50원이다. 통신사 B를 선택한 사람의 통화량이 몇 분이 넘어야 통신사 A를 선택했을 때보다 이익인가?

① 650분   ② 700분
③ 750분   ④ 800분
⑤ 850분

45 지점 A에서 지점 B까지 최단거리로 이동하려고 한다. 이용할 수 있는 모든 경우의 수는?

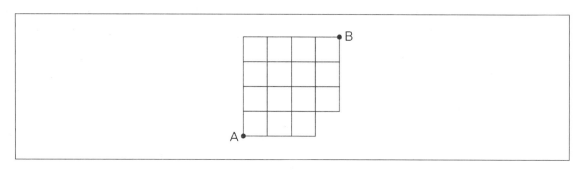

① 65　　　　　　　　　　　　② 66
③ 67　　　　　　　　　　　　④ 68
⑤ 69

46 다음 중 정사각형을 만드는데 필요 없는 조각 하나를 고르시오.

①

②

③

④

⑤

47 다음 도형들의 일정한 규칙을 찾아 "?" 표시된 부분에 들어갈 도형을 고르시오.

① ② ③ ④ ⑤

48 다음 두 그림을 비교하였을 때, 다른 부분은 몇 개인가?

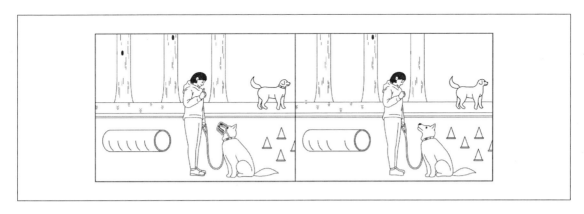

① 8 ② 9

③ 10 ④ 11

⑤ 12

1 다음 강연자의 강연 의도로 가장 적절한 것은?

> '공감뉴런'에 대해 들어 보셨습니까? 최근 뇌과학 분야의 한 연구팀이 '거울신경세포'를 발견하여 학계에 큰 충격을 주었는데요. '공감뉴런'이라고도 불리는 이 '거울신경세포'는 상대방의 생각이나 행동을 마치 자신의 것인 양 이해할 수 있도록 돕습니다. 이 세포의 발견은 인간이 근본적으로 공감하는 능력을 지닌 존재라는 것을 보여 줍니다.
>
> 이때의 공감은 단순히 '나는 너의 고통을 이해한다.'는 개념적 추리가 아니라 직접적인 시뮬레이션을 통해 느낌으로 이해하는 것을 말합니다. 예를 들어, 무릎에 상처가 나 울고 있는 아이의 사진을 보고 있다고 가정해 볼까요? 관찰자는 자신이 다친 것이 아닌데도 마치 자신이 그 따갑고 쓰라린 고통을 느끼는 것처럼 얼굴 표정을 찡그리거나 불편한 기분을 느낍니다. 이는 뇌의 '공감뉴런'이 아이가 받았을 신체적 고통을 시뮬레이션하기 때문입니다. 관찰자는 아이가 느끼는 것을 거울처럼 그대로 느껴 그 기분을 알 수 있게 됩니다.
>
> 공감능력은 감수성이 예민하고 동정심이 많은 일부 사람들에게 국한된 것이 아닙니다. 우리 모두에게 내재된 능력입니다. 사회에 적응하기 위해 필요하니까 어쩔 수 없이 공감해야 한다는 태도가 아니라 공감능력을 타고난 존재로 자신을 새롭게 인식할 필요가 있습니다.

① 공감능력을 인간의 본성으로 인식할 필요가 있다.
② 공감능력을 학습하기 위해서 개념적 추리가 필요하다.
③ 뇌과학 분야의 새로운 발견은 사실로 검증될 필요가 있다.
④ 자신의 고통보다 타인의 고통을 더 감각적으로 느껴야 한다.
⑤ 사회 적응에 적응하기 위해서는 직접적인 시뮬레이션 이 필요하다.

풀이종료시간 : [　　　] − [　　　]
풀이소요시간 : [　　　]분 [　　　]초

2 다음 진술이 참이 되기 위해서 꼭 필요한 전제를 보기에서 모두 고르시오.

편집자는 행복한 사람이다.

───── 〈보기〉 ─────

㉠ 편집자는 업무에 책임감을 가진다.
㉡ 편집자는 독자에게 감사함을 가진다.
㉢ 편집자는 자신의 업무에 만족한다.
㉣ 만족하는 사람은 행복한 사람이다.
㉤ 감사할 수 있는 사람은 긍정적인 사람이다.
㉥ 열정적인 사람은 도전적인 사람이다.

① ㉠㉣　　　　　　　　　　② ㉠㉤
③ ㉡㉣　　　　　　　　　　④ ㉡㉤
⑤ ㉢㉣

3 제시된 단어와 같은 관계가 되도록 괄호 안에 적절한 단어를 고르시오.

기르다 : 키우다 = 책방 : (　　)

① 아이　　　　　　　　　　② 얼굴
③ 기후　　　　　　　　　　④ 서점
⑤ 자연

4   ⊙ ~ ⊗을 문맥적 의미가 유사한 것끼리 올바르게 묶은 것은?

> 한때 ⊙가족의 종말을 예견하는 목소리가 유행했었다. 19세기 초에 샤를 푸리에는 상부상조에 기반을 둔 공동체인 '팔랑스테르'를 만들었고, 그 뒤를 계승한 실험이 유럽 곳곳에서 이루어졌다. 또한 엥겔스는 사유 재산의 종말과 함께 가족 역시 종말을 맞을 것이라고 예언했다. 어쩌면 유토피아에 대해 꿈꾸는 일은 근본적으로 ⓒ가족의 개념에 배치될 수밖에 없는지도 모른다. 토머스 모어의 '유토피아'는 예외적으로 기존의 가부장제 ⓒ가족을 사회 구성의 핵심 요소로 제안했지만, 섬 전체가 '한 ⓔ가족, 한 가정'을 이루어야 한다는 사회적 단일체의 이상에 대한 강조를 잊지 않았다. 이러한 ⓜ가족은 사적 재산을 소유할 수 없으며, 똑같이 생긴 집을 10년마다 바꿔 가며 살아야 한다. 유토피아의 가족은 사회의 거센 바람을 피하는 둥지가 아니라 사회 그 자체이며, 그런 의미에서 더 이상 ⓗ가족이 아닌 ⊗가족인 것이다.

① ⊙,ⓒ,ⓗ / ⓒ,ⓔ,ⓜ,⊗
② ⊙,ⓒ,ⓒ,ⓗ / ⓔ,ⓜ,⊗
③ ⊙,ⓔ,ⓜ,⊗ / ⓒ,ⓒ,ⓗ
④ ⊙,ⓔ,⊗ / ⓒ,ⓒ,ⓜ,ⓗ
⑤ ⊙,ⓒ,ⓔ,ⓗ / ⓒ,ⓜ,⊗

5 다음은 조선시대 한양의 조사시기별 가구수 및 인구수와 가구 구성비에 대한 자료이다. 이에 대한 설명 중 옳은 것만을 모두 고르면?

〈조사시기별 가구수 및 인구수〉

(단위 : 호, 명)

조사 시기	가구수	인구수
1729년	1,480	11,790
1765년	7,210	57,330
1804년	8,670	68,930
1867년	27,360	144,140

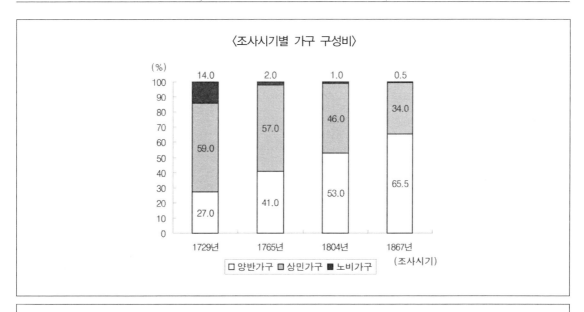

〈조사시기별 가구 구성비〉

㉠ 1804년 대비 1867년의 가구당 인구수는 증가하였다.
㉡ 1765년 상민가구 수는 1804년 양반가구 수보다 적다.
㉢ 노비가구 수는 1804년이 1765년보다는 적고 1867년보다는 많다.
㉣ 1729년 대비 1765년에 상민가구 구성비는 감소하였고 상민가구 수는 증가하였다.

① ㉠, ㉡
② ㉠, ㉢
③ ㉡, ㉣
④ ㉠, ㉢, ㉣
⑤ ㉡, ㉢, ㉣

6 35%의 소금물 400g을 가열하여, 50g의 물을 증발시키면 몇 %의 소금물이 되는가?

① 40% ② 45%

③ 50% ④ 55%

⑤ 60%

7 다음 도형에서 찾을 수 있는 모든 사각형의 수는? (단, 정·직사각형만 고려한다)

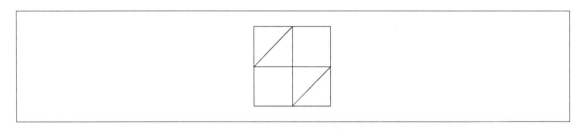

① 7개 ② 8개

③ 9개 ④ 10개

⑤ 11개

8 보기의 조각을 한 번씩만 사용하여 정사각형을 만들려고 한다. 다음 중 필요 없는 조각 하나를 고르시오.

①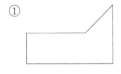

②

③

④

⑤

9 다음 글의 빈칸에 들어갈 말로 가장 적절한 것은?

> 전형적인 서양의 풍경화를 눈여겨보면, 설령 화폭에 인물이 그려지지 않은 경우라 할지라도 화면 밖에 반드시 한 사람의 관찰자가 있어서 이젤 앞에 못 박힌 듯이 서서 주위 풍경을 측량하듯이 바라보는 차갑고 단조로운 시선을 느낄 수 있다. 자연 풍경을 그렸다고는 하지만 (   )
> 그러므로 풍경화 속의 부분 부분은 한결같이 작품 밖에서 그것을 바라보는 한 개인, 즉 객관적인 관찰자와의 관계 속에서 투시법적으로 형태가 결정되어 그려진다.

① 자연만이 주인공이 되어 캔버스 안에 가득히 펼쳐진다.
② 어디까지나 그 앞에 인간이 있으며, 그 인간이 바로 모든 풍경의 기준점이 되어 있다.
③ 인간의 시선은 캔버스 너머에 존재하며 시선에서 자유로워진 자연만이 존재한다.
④ 자연의 모습을 현대적인 시각으로 재해석하여 유려한 형태로 그려진다.
⑤ 그림을 그린 이와 보는 이의 주관적인 관점이 담길 수밖에 없다.

10 철수는 집에서 12km 떨어진 민수네 집에 가기 위하여 처음에는 시속 3km로 걸어가다가 나중에는 시속 4km로 뛰어갔다. 철수네 집에서 민수네 집까지 가는 데 걸린 시간이 3시간 30분이었다면 철수가 뛰어간 거리는 얼마인가?

① 4km
② 5km
③ 6km
④ 7km
⑤ 8km

11 다음에 제시된 9개의 단어 중 관련된 3개의 단어를 통해 유추할 수 있는 것을 고르시오.

> 돌고래, 지우개, 흑연, 묘기, 왕, 육각형, 개미, 도마뱀, 동물원

① 텔레비전   ② 커피

③ 도서관   ④ 연필

⑤ 택배

12 다음 조건을 읽고 옳은 설명을 고르시오.

> A, B, C 3명이 아래와 같이 진술하였다.
> • A : 우리 중 한 사람만 진실을 말한다.
> • B : 우리 모두 거짓말을 한다.
> • C : 우리 모두 진실을 말한다.

> A : A는 거짓말을 했다.
> B : B는 거짓말을 했다.

① A만 옳다.

② B만 옳다.

③ A와 B 모두 옳다.

④ A와 B 모두 그르다.

⑤ A와 B 모두 옳은지 그른지 알 수 없다.

13 다음 제시된 세 개의 단면을 참고하여 이에 해당하는 입체도형을 고르시오.

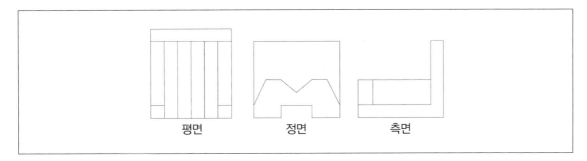

평면   정면   측면

①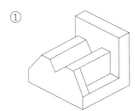

②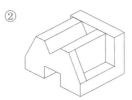

③

④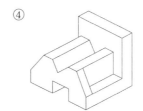

⑤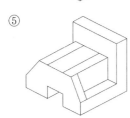

14 다음 제시된 그림과 같이 쌓기 위해 필요한 블록의 수를 구하시오.

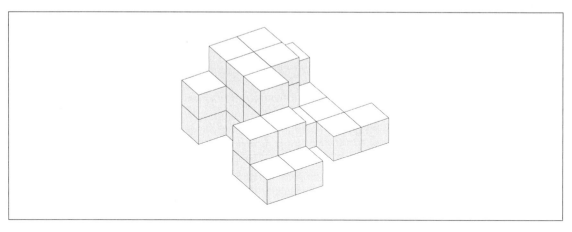

① 24개   ② 27개

③ 30개   ④ 33개

⑤ 36개

15 경찰서에 목격자 세 사람이 범인에 관하여 다음과 같이 진술하였다. 경찰에서는 이미 이 사건이 한 사람의 단독 범행인 것을 알고 있었다. 그리고 한 진술은 거짓이고, 나머지 진술은 참이라는 것이 나중에 밝혀졌다. 안타깝게도 어느 진술이 거짓인지는 밝혀지지 않았다. 다음 중 반드시 거짓인 것은?

> • 영희가 범인이거나 순이가 범인이다.
> • 순이가 범인이거나 보미가 범인이다.
> • 영희가 범인이 아니거나 또는 보미가 범인이 아니다.

① 영희가 범인이다.

② 순이가 범인이다.

③ 보미가 범인이다.

④ 보미는 범인이 아니다.

⑤ 영희가 범인이 아니면 순이도 범인이 아니다.

16 A문구점에서 전 품목 100원 할인행사 중이다. 지민이는 15,000원을 가지고 있고 A문구점에서 정가 1,500원의 볼펜과 2,000원의 샤프를 사려고 한다. 볼펜과 샤프를 합쳐서 총 10개를 사야하고, 볼펜과 샤프 모두 1개 이상 구매해야 할 때, 살 수 있는 샤프의 최대 개수는?

① 1개   ② 2개
③ 3개   ④ 4개
⑤ 5개

17 다음 글의 주제와 가장 가까운 것은?

> 1960년대 중반 생물학계에는 조지 윌리엄스와 윌리엄 해밀턴이 주도한 일대 혁명이 일어났다. 리처드 도킨스의 '이기적 유전자'라는 개념으로 널리 알려지게 된 이 혁명의 골자는, 어떤 개체의 행동을 결정하는 일관된 기준은 그 소속 집단이나 가족의 이익도 아니고 그 개체 자신의 이익도 아니고, 오로지 유전자의 이익이라는 것이다. 이 주장은 많은 사람들에게 충격으로 다가왔다. 인간은 또 하나의 동물일 뿐 아니라, 자신의 이익을 추구하는 유전자들로 구성된 협의체의 도구이자 일회용 노리개에 불과하다는 주장으로 이해되었기 때문이다. 그러나 '이기적 유전자' 혁명이 전하는 메시지는 인간이 철저하게 냉혹한 이기주의자라는 것이 아니다. 사실은 정반대이다. 그것은 오히려 인간이 왜 때로 이타적이고 다른 사람들과 잘 협력하는가를 잘 설명해 준다. 인간의 이타성과 협력이 유전자의 이익에도 도움이 되기 때문이다.

① 유전자의 이익이란 곧 개체의 이익이며 개체는 자신의 생존을 위해서만 행동한다.
② 이기적 유전자 혁명에 따르면 인간은 철저한 이기주의자이다.
③ 지구상의 모든 개체는 자신의 이익을 위해서만 행동한다.
④ 인간은 유전자의 이익을 위해 행동하기 때문에 그들의 이기적인 행동은 이해 받아야 한다.
⑤ 인간은 유전자의 이익에 따라 행동하며 유전자의 이익이라는 관점에서 인간의 이타적인 행동을 설명할 수 있다.

18 다음과 같이 화살표 방향으로 종이를 접어 펀칭한 뒤 펼친 모양에 해당하는 것을 고르시오.

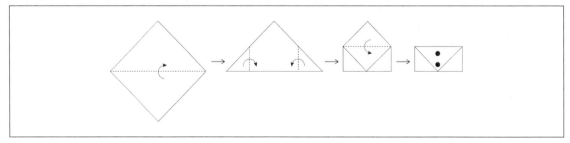

①

②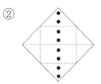

③

④

⑤

19 서원기업에서는 이번에 새로운 프로젝트를 위해 특별팀을 만들려고 한다. 5명이 소속되어 있는 A팀과 4명이 소속되어 있는 B팀에서 4명을 선발할 때, A팀과 B팀에서 적어도 1명씩은 선발될 경우의 수는?

① 116가지

② 120가지

③ 124가지

④ 130가지

⑤ 136가지

20 은포중학교에서 올해의 남학생 수와 여학생 수를 조사했는데, 남학생 수는 작년보다 8% 늘었고, 여학생 수는 작년보다 4% 줄었다고 한다. 작년 총 학생 수는 1000명이었으며 작년보다 올해의 총 학생 수가 20명 증가했을 때, 작년 남학생 수를 구하시오.

① 420

② 440

③ 460

④ 480

⑤ 500

21 다음 주어진 문장이 들어갈 위치로 가장 적절한 것은?

> A는 땅과 자동차 중 어느 것과 관계를 맺느냐에 따라 이전의 A와는 다른 차이를 지니게 된다.

> 들뢰즈가 말하는 '차이'란 두 대상을 정태적으로 비교해서 나오는 어떤 것이 아니라 두 대상이 만나고 섞임으로써 '생성'되는 것이다. ㈎ 예를 들면, '달리기를 잘하는 사람(A)'과 '자동차(B)'가 있다고 가정해 보자. ㈏ A는 원래 땅 위를 달리며, 달리기와 관련된 근육이 발달되어 있었을 것이다. ㈐ 그런데 A가 달리기대신 B를 오랫동안 반복적으로 운전한다면 어떻게 될까? ㈑ A는 달리는 근육 대신 브레이크나 엑셀을 밟는 근육이 발달할 것이다. ㈒ 그리고 그 차이는 A에게 '자동차 운전을 잘하게 된 사람'이라는 새로운 의미를 부여하게 되는데, 이것이 바로 '생성'이다.

① ㈎

② ㈏

③ ㈐

④ ㈑

⑤ ㈒

22 다음 글을 읽고, 그림을 그린 사람(들)을 찾으면?

> 송화, 진수, 경주, 상민, 정란은 대학교 회화학과에 입학하기 위해 △△미술학원에서 그림을 그린다. 이들은 특이한 버릇을 가지고 있다. 송화, 경주, 정란은 항상 그림이 마무리되면 자신의 작품 밑에 거짓을 쓰고, 진수와 상민은 자신의 그림에 언제나 참말을 써넣는다. 우연히 다음과 같은 글귀가 적힌 그림이 발견되었다.
> "이 그림은 진수가 그린 것이 아님."

① 진수 ② 상민
③ 송화 ④ 송화, 경주
⑤ 경주, 정란

23 다음 각 기호가 일정한 규칙에 따라 문자들을 변환시킬 때, 문제의 "?'에 들어갈 알맞은 것을 고르시오.

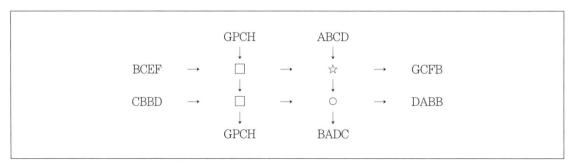

BBCE → □ → ○ → ?

① SEWM ② EACA
③ ABCB ④ BEFG
⑤ OKWP

24 다음은 일정한 규칙에 따라 배열한 수열이다. 빈칸에 들어갈 알맞은 수를 구하시오.

16	81	8	27	4	( )	2	

① 6

② 9

③ 12

④ 15

⑤ 18

25 백의 자리 숫자가 2이며 십의 자리 숫자가 5인 세 자리 자연수가 있다. 이 자연수의 십의 자리 숫자와 일의 자리 숫자를 서로 바꾸면, 바꾼 수는 처음 수보다 18만큼 작아진다고 한다. 이때 처음 수를 구하시오.

① 221

② 242

③ 248

④ 250

⑤ 253

26 다음에 제시된 숫자의 배열을 보고 규칙을 찾아 "?"에 들어갈 숫자를 구하시오.

12	31	21
23	53	52
35	84	?

① 22

② 32

③ 42

④ 52

⑤ 62

27 $a^5 \times a^3$의 값은?

① a^8

② a^{15}

③ a^{53}

④ a^2

⑤ a^{125}

28 다음 글의 내용과 일치하지 않는 것은?

> 유학자들은 자신이 먼저 인격자가 될 것을 강조하지만 궁극적으로는 자신뿐 아니라 백성 또한 올바른 행동을 할 수 있도록 이끌어야 한다는 생각을 원칙으로 삼는다. 주희도 자신이 명덕(明德)을 밝힌 후에는 백성들도 그들이 지닌 명덕을 밝혀 새로운 사람이 될 수 있도록 가르쳐야 한다고 본다. 백성을 가르쳐 그들을 새롭게 만드는 것이 바로 신민(新民)이다. 주희는 대학을 새로 편찬하면서 고본(古本) 대학의 친민(親民)을 신민(新民)으로 고쳤다. '친(親)'보다는 '신(新)'이 백성을 새로운 사람으로 만든다는 취지를 더 잘 표현한다고 보았던 것이다. 반면 정약용은, 친민을 신민으로 고치는 것은 옳지 않다고 본다. 정약용은 친민을 백성들이 효(孝), 제(弟), 자(慈)의 덕목을 실천 하도록 이끄는 것이라 해석한다. 즉 백성들로 하여금 자식이 어버이를 사랑하여 효도하고 어버이가 자식을 사랑하여 자애의 덕행을 실천하도록 이끄는 것이 친민이다. 백성들이 이전과 달리 효, 제, 자를 실천하게 되었다는 점에서 새롭다는 뜻은 있지만 본래 글자를 고쳐서는 안 된다고 보았다.

① 유학자들은 백성이 올바른 행동을 할 수 있도록 이끌어야 한다는 생각을 원칙으로 삼는다.

② 백성을 가르쳐 그들을 새롭게 만드는 것이 '신민'이다.

③ 주희는 '신'보다는 '친'이 백성을 새로운 사람으로 만든다는 취지를 더 잘 표현한다고 보았다.

④ 정약용은 '친민'을 백성들이 효, 제, 자의 덕목을 실천하도록 이끄는 것이라고 해석하였다.

⑤ 자식과 어버이가 쌍방으로 사랑하는 것이 친민이다.

29 '사회 통합을 위한 언어 정책 마련'이라는 주제로 생각을 정리한 것이다. 논지 전개 과정을 참고하였을 때, [가]에 들어갈 내용으로 적절하지 않은 것은?

논지의 전개 과정	주요 내용
문제의 실태	외국인 근로자, 여성 결혼 이민자, 새터민 등의 증가에 따른 언어 소통의 문제와 세대 간의 언어 차이로 인한 사회 통합이 어려워지고 있다.
문제의 원인	- 우리 사회의 국제화 및 다변화 추세에 따른 준비가 부족했다. - 젊은 층의 언어 질서 파괴에 따른 세대 간의 언어 장벽이 형성되고 있다.
문제 해결을 위한 방향	- 국제화 및 다변화 시대의 한국어 교육을 위한 관련 부서의 대책 마련이 필요하다. - 세대 간의 언어 차이를 극복할 수 있는 소통의 장을 마련하여야 한다.
구체적 문제 해결 방안	[가]

* 새터민 : '탈북자'를 가리키는 표현

① 국제화, 다변화에 따른 국민 의식의 전환을 유도하여야 할 것이며, 아울러 실질적인 한국어 소통 능력을 향상시킬 수 있는 프로그램을 만들어 실행한다.

② 시대의 변화에 따른 국제화, 다변화의 필연성을 인정하고, 해당자들을 위한 언어 정책을 적극적으로 모색하여야 한다.

③ 전문가들의 정확한 진단에 따른 분석을 바탕으로 세대 간 언어 차이의 원인과 실상을 명확히 하고, 필요한 경우 통합을 위한 언어 대책을 강구하여야 한다.

④ 새터민은 제도적, 사회적 차이에서 오는 심리적 부적응과 생활상의 문제가 더 시급하므로 담당 사회복지사를 배정한다.

⑤ 지식경제부와 고용노동부에서는 외국인 근로자를 고용하는 기업체에 직업 훈련 과정뿐 아니라 한국어 교육 과정을 의무적으로 두게 한다.

30 다음은 '자원 봉사 활동의 활성화'라는 주제로 글을 쓰기 위해 작성한 개요이다. 수정 및 보완 방안으로 적절하지 않은 것은?

Ⅰ. 자원 봉사 활동의 의의
  1. 올바른 인성 함양
  2. 결연을 통한 자원 봉사 활동의 지속성 강화 ·· ㉠
Ⅱ. 자원 봉사 활동의 다변화 요인 ··· ㉡
  1. 타율적인 봉사 활동 참여
  2. 자원 봉사 활동에 대한 지원 미흡
  3. 일시적인 봉사 활동 참여
Ⅲ. 자원 봉사 활동의 활성화 방안 ··· ㉢
  1. 공동체 의식의 형성 촉진 ·· ㉣
  2. 자원 봉사 활동에 대한 다양한 지원 체계 마련
Ⅳ. 봉사 활동에 대한 관심 ··· ㉤

---

① ㉠ : 상위 항목에 어울리지 않으므로, 'Ⅲ'의 하위 항목으로 이동시킨다.

② ㉡ : 하위 항목의 내용을 포괄하지 못하므로, '자원 봉사 활동이 활성화되지 못한 요인'으로 수정한다.

③ ㉢ : 'Ⅱ-1'을 고려하여, 하위 항목에 '자발적 참여를 유도하기 위한 교육 및 홍보 강화'를 추가한다.

④ ㉣ : 글의 주제에서 벗어난 내용이므로, 통일성을 위해 삭제한다.

⑤ ㉤ : 내용이 모호하므로, '자원 봉사 활동에 대한 사회적 관심 촉구'로 구체화한다.

31 다음과 같이 화살표 방향으로 종이를 접었을 때의 뒷면의 모양에 해당하는 것을 고르시오.

①

②

③

④

⑤

32 다음 제시된 기호의 규칙을 찾아 빈칸에 들어갈 알맞은 숫자를 구하시오.

5&8 = 8   6&7 = 6   4&4 = 32   3&9 = (   )

① 15
② 17
③ 19
④ 21
⑤ 23

33 다음 전개도를 접었을 때 나타나는 정육면체의 모양이 아닌 것을 고르시오.

		1		
2	3	5	6	
		4		

①

②

③

④

⑤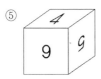

34 다음 제시된 전개도로 만들 수 있는 주사위로 적절한 것을 고르시오.

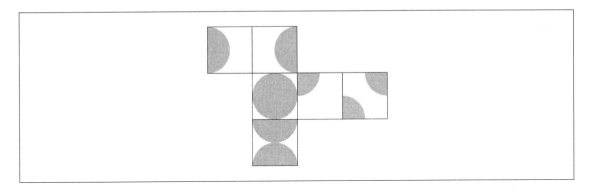

①

②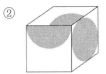

③

④

⑤

35 지점 A에서 지점 B까지 최단거리로 이동하려고 한다. 이용할 수 있는 모든 경우의 수는?

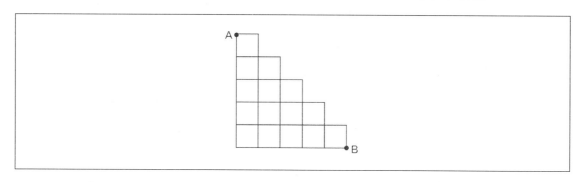

① 130

② 131

③ 132

④ 133

⑤ 134

36 다음 글을 논리적 흐름에 따라 바르게 배열한 것을 고르시오.

> ㉠ 그러나 지금까지의 연구에 따르면 정보해석능력과 정치참여가 그런 상관관계를 갖고 있다는 증거를 발견하기 힘들다. 그 이유를 살펴보자. 먼저 교육 수준이 높을수록 시민들의 정보해석능력이 향상된다.
>
> ㉡ 의사소통의 장애가 시민들의 낮은 정보해석능력 때문에 발생하고 그 결과 시민들의 정치참여가 저조하다고 생각할 수 있다. 즉 정보해석능력이 향상되지 않으면 시민들의 정치참여가 증가하지 않는다는 것이다. 다른 한편으로 정보해석능력이 향상되면 시민들의 정치참여가 증가한다는 사실에는 의심의 여지가 없다. 그렇다면 정보해석능력과 시민들의 정치참여는 양의 상관관계를 갖게 될 것이다.
>
> ㉢ 미국의 경우 2차 대전 이후 교육 수준이 지속적으로 향상되어 왔지만 투표율은 거의 높아지지 않았다. 우리나라에서도 지난 30여 년 동안 국민들의 평균 교육 수준은 매우 빠르게 향상되어 왔지만 투표율이 높아지지는 않았으며, 평균 교육 수준이 도시보다 낮은 농촌지역의 투표율이 오히려 높았다.
>
> ㉣ 예를 들어 대학교육에서는 다양한 전문적 정보와 지식을 이해하고 구사하는 훈련을 시켜주기 때문에 대학교육의 확대가 시민들의 정보해석능력의 향상을 가져다준다. 그런데 선거에 관한 국내외 연구를 보면, 시민들의 교육 수준이 높아지지만 정치참여는 증가하지 않는다는 것을 보여주는 경우들이 있다.

① ㉠ - ㉡ - ㉢ - ㉣

② ㉠ - ㉣ - ㉡ - ㉢

③ ㉡ - ㉠ - ㉣ - ㉢

④ ㉣ - ㉡ - ㉠ - ㉢

⑤ ㉣ - ㉠ - ㉡ - ㉢

37 A~D, 4명의 학생을 세계의 각 도시로 교환학생으로 보내려고 한다. 다음의 조건을 참고하였을 때, 런던에 가는 사람은 누구인가?

- A는 워싱턴과 파리를 선호한다.
- B는 런던과 파리를 싫어한다.
- B와 D는 함께 가야한다.
- C와 D는 워싱턴과 런던을 선호한다.
- C는 A와 같은 도시에는 가지 않을 생각이다.

---

① A ② B

③ C ④ D

⑤ 알 수 없다.

38 아래는 크기와 모양이 같은 직육면체 블록을 쌓아놓은 것이다. 블록의 개수는?

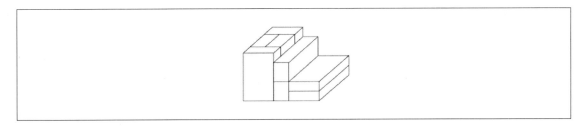

① 8개 ② 9개

③ 10개 ④ 11개

⑤ 12개

39 다음 중 추론의 방법이 밑줄 친 부분과 같은 것은?

> 학이 천 년, 소나무가 백 년을 뜻하므로 학이 소나무에 올라앉은 그림은 오래 사는 것을 한데 모아서 구성한 것이므로 장수를 상징하며, 학수송령도라고 한다. 사실 학은 소나무 가지에 올라가지 않는다. 워낙 큰 새이기 때문에 나무 위에서 사는 것이 불가능하다. 소나무 위에 올라가 사는 새는 백로(白鷺)로 학과 혼동하기 쉽다. 그러나 이 '학수송령'의 의미를 표현하기 위해서는 반드시 학이라야 한다.
>
> 또 학은 파도치는 바닷가에 살지 않는다. 학은 초원이나 늪지에 사는 새이다. 그러므로 학이 파도치는 바닷가에 있는 그림은 이치에 맞지 않는다. 이치에 맞지 않음에도 불구하고 그린 이유는 일품당조(一品當朝 : 당대의 조정에서 벼슬이 일품에 오르다)의 의미를 표현하기 위해서이다.
>
> 원래 학은 천수 이외에 일품 즉 '제일'이라는 뜻이 있다. 새들을 품평해 볼 때, 우리 선조들은 간결한 것을 숭상했기 때문에 ⓒ학이 역시 일등이었던 것이다. 그래서 '일품'이 되었다. 〈춘향전〉에도 월매까지 집에서 학을 기르는 것을 보면 우리 선조들이 학을 완상(玩賞)하기를 무척 즐긴 듯하다. 그리고 파도치는 바다는 밀물 조(潮)를 의미하며 이것은 조정을 의미하는 조(朝)와 음이 같아서 조정의 의미를 표현하고 있다. 따라서 학이 파도치는 바다에 서 있는 그림은 일품당조(一品當朝), 즉 '당대의 조정에서 벼슬이 일품까지 오르다.'의 뜻을 표현하고 있는 것이다.

① 영희는 빨간 모자를 썼다. 빨간 모자를 쓰지 않은 저 사람은 영희가 아니다.

② 나비, 개미, 파리는 모두 다리가 6개인 곤충이다. 그러므로 다른 곤충들도 모두 다리가 6개일 것이다.

③ 영철이와 영희와 철수는 모두 안경을 쓰고 있다. 그런데 이 학생들은 모두 옆 반의 학생들이다. 따라서 옆 반 학생들은 모두 안경을 쓰고 있음이 분명하다.

④ 태균이와 이야기를 나눈 학생들은 모두 즐거워한다. 태균이는 이야기를 재미있게 하는 사람임에 틀림없다.

⑤ 전에는 학교생활이 즐거웠는데, 친구 나리가 다른 학교로 전학한 후부터는 따분하기만 하다. 따라서 나리가 나에게 즐거움을 존재였음을 알 수 있다.

40 민수의 재작년 나이의 $\frac{1}{4}$과 내년 나이의 $\frac{1}{5}$이 같을 때, 민수의 올해 나이는?

① 10세

② 12세

③ 14세

④ 16세

⑤ 18세

41 다음 제시된 〈보기〉의 블록이 도형 A, B, C를 조합하여 만들어질 때, 도형 C에 해당하는 것을 고르시오.

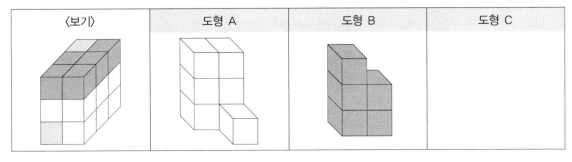

①

②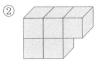

③

④

⑤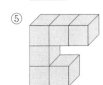

42 세 가지 육류가 들어가는 어느 요리에 3인분당 돼지고기 100g, 4인분당 닭고기 100g, 6인분당 소고기 100g이 쓰인다. 세 가지 육류 3600g을 남김없이 사용하여 그 요리를 만들었다면, 몇 인분인가?

① 24

② 36

③ 48

④ 52

⑤ 60

43 다음 주제문을 뒷받침하는 내용으로 적절한 것은?

> 인간은 일상생활에서 다양한 역할을 수행한다.

① 교통과 통신의 발달로 멀리 있는 사람들 사이에도 왕래가 많아지며, 인간관계가 깊어지고 있다.

② 인간은 생활 속에서 때로는 화를 내며 상대를 미워하기도 하고, 때로는 웃으며 상대를 이해하기도 한다.

③ 누구나 가정에서는 가족의 일원, 학교에서는 학생의 일원, 그리고 지역 사회에서는 그 사회의 일원으로 생활하게 되어 있다.

④ 인간은 혼자가 아니라 사회 속에서 여러 사람과 더불어 살아가고 있기 때문에 개인의 행동은 사회에 영향을 끼칠 수밖에 없다.

⑤ 내가 준만큼 받으려 하지 않고, 사람에 대한 기대를 줄여야 인간관계에서 오는 스트레스를 덜 받을 수 있다.

44 다음 제시된 입체 중에서 나머지와 모양이 다른 하나를 고르시오.

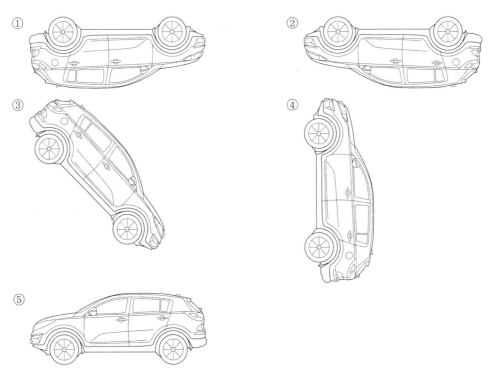

① ② ③ ④ ⑤

45 A, B, C 세 사람이 가위 바위 보를 할 때, A가 혼자 이길 경우의 수는 얼마인가?

① 1 　　　　　　　　　　　　　　② 3
③ 6 　　　　　　　　　　　　　　④ 9

46 밑줄 친 부분의 근거로 제시하기에 적절하지 않은 것은?

개들은 다양한 몸짓으로 자신의 뜻을 나타낸다. 주인과 장난을 칠 때는 눈맞춤을 하면서 귀를 세운다. 꼬리를 두 다리 사이에 집어넣고 시선을 피하면서 몸을 낮출 때는 항복했다는 신호이다. 매를 맞아 죽는 개들은 슬픈 비명을 지른다. 요컨대 개들도 사람처럼 감정을 느끼는 능력을 가지고 있는 것 같다. 그렇다면 <u>동물들도 과연 사람과 같은 감정을 지니고 있을까?</u> 사람이 정서를 느끼는 유일한 동물이라고 생각하는 생물학자들은 동물이 감정을 가지고 있다는 주장에 동의하기를 주저했다. 그러나 최근에 와서 그들의 입장에 변화가 일어나고 있다. 동물 행동학과 신경 생물학 연구에서 동물도 사람처럼 감정을 느낄 수 있다는 증거가 속출하고 있기 때문이다.

동물의 감정은 1차 감정과 2차 감정으로 나뉜다. 1차 감정이 본능적인 것이라면 2차 감정은 다소간 의식적인 정보 처리가 요구되는 것이다. 대표적인 1차 감정은 공포감이다. 공포감은 생존 기회를 증대시키므로 모든 동물이 타고난다. 예컨대 거위는 포식자에게 한 번도 노출된 적이 없는 새끼일지라도 머리 위로 독수리를 닮은 모양새만 지나가도 질겁하고 도망친다. 한편 2차 감정은 기쁨, 슬픔, 사랑처럼 일종의 의식적인 사고가 개입되는 감정이다. 동물이 사람처럼 감정을 가지고 있는지에 대해 논란이 되는 대상이 바로 2차 감정이다. 그러므로 동물도 감정을 가지고 있다고 할 때의 감정은 2차 감정을 의미한다.

① 새끼 거위가 독수리를 닮은 모양새를 보고 도망치는 행동
② 어린 돌고래 새끼가 물 위에 몸을 띄우고 놀이를 하는 행동
③ 교미하려는 암쥐의 뇌에서 도파민이라는 물질이 분비되는 현상
④ 수컷 침팬지가 어미가 죽은 뒤 단식을 하다가 굶어 죽은 행동
⑤ 코끼리나 새끼나 가족이 죽으면 시체 곁을 떠나지 않고 지키는 행동

47 다음 도형들의 일정한 규칙을 찾아 "?" 표시된 부분에 들어갈 도형을 고르시오.

①

②

③

④

⑤

48 다음 두 그림을 비교하였을 때, 다른 부분은 몇 개인가?

① 3

② 4

③ 5

④ 6

⑤ 7

1 다음을 가지고 '올바른 청소년 문화의 정착'에 관한 글을 쓸 때, '서론 – 본론1 – 본론2 – 결론' 부분이 순서에 맞게 바르게 짝지어진 것은?

㉠ 문화의 중요성 강조	㉡ 청소년 비행의 뜻
㉢ 향락적 분위기	㉣ 청소년 비행의 실태
㉤ 전인교육 강화	㉥ 가치·뜻 부재
㉦ 사랑·관심 촉구	㉧ 퇴폐문화로부터 청소년 보호

① 서론 : ㉢㉥　　본론1 : ㉣　　　본론2 : ㉤㉦㉧　　결론 : ㉠

② 서론 : ㉡㉢　　본론1 : ㉠㉤　　본론2 : ㉥㉧　　결론 : ㉣㉦

③ 서론 : ㉡㉣　　본론1 : ㉢㉥　　본론2 : ㉤㉧　　결론 : ㉠㉦

④ 서론 : ㉡㉣　　본론1 : ㉢㉧　　본론2 : ㉤㉥　　결론 : ㉠㉦

⑤ 서론 : ㉢㉥　　본론1 : ㉠㉣　　본론2 : ㉡　　　결론 : ㉤㉦㉧

2 주머니 속 빨강, 파랑, 노랑의 서로 다른 색의 구슬 세 개를 차례로 꺼낼 때, 다음 중 단 하나만 참이라고 한다. 다음 보기 중 옳은 것을 고르면?

• 첫 번째 구슬은 빨간색이 아니다.
• 두 번째 구슬은 파란색이 아니다.
• 세 번째 구슬은 파란색이다.

① 첫 번째 구슬이 빨간색이다.　　　　② 첫 번째 구슬이 파란색이다.

③ 두 번째 구슬이 파란색이다.　　　　④ 세 번째 구슬이 노란색이다.

⑤ 두 번째 구슬이 노란색이다.

3　다음에 제시된 9개의 단어 중 관련된 3개의 단어를 통해 유추할 수 있는 것을 고르시오.

> 어깨, 뿌리, 자동차, 기류, 공, 날개, 고기, 먼지, 하늘

① 비행기　　　　　　　　　② 지하철
③ 버스　　　　　　　　　　④ 병원
⑤ 택시

4　다음 글의 주제문으로 가장 적절한 것은?

> 　문학에서 다루는 체험(體驗)은 가치 있는 것이라야 한다. 일상생활 속에서 누구나 겪는 것들이 모두 중요하고 의미 있는 것이 아니듯 모든 체험이 문학이 되지는 않는다. 일상적으로 경험하기 어려운 희귀한 경험이나, 그 경험이 독특한 의미를 띨 경우라야 문학의 제재가 될 수 있다. 작가들이 일상적인 경험을 소재(素材)로 작품을 쓰는 경우가 없지는 않다. 그럴 경우는 작가의 체험을 독특한 안목(眼目)으로 해석하여 새로운 의미를 찾아냄으로써 가치를 부여한 것이다.

① 문학은 언어로 표현된 예술이다.
② 문학은 항구성을 가진 기록이다.
③ 문학은 개성의 보편적 표현이다.
④ 문학은 가치 있는 체험의 표현이다.
⑤ 문학은 일상을 공유하는 예술이다.

5 A에서 출발하여 B와 C를 다 거치고서 D에 도착하는 경우의 수는? (단, 최단거리로 이동한다)

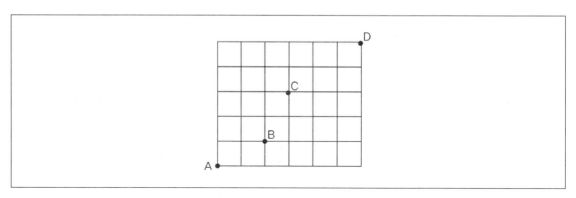

① 70   ② 80

③ 90   ④ 100

⑤ 110

6 두 가지 메뉴 A, B를 파는 어느 음식점에서 지난주에 두 메뉴를 합하여 1,000명분을 팔았다. 이번 주 판매량은 지난주에 비하여 A 메뉴는 5% 감소하고, B 메뉴는 10% 증가하여 전체적으로 4% 증가하였다. 이번 주에 판매된 A 메뉴는 몇 명분인가?

① 350명   ② 380명

③ 400명   ④ 415명

⑤ 430명

7 다음 제시된 전개도로 만들 수 있는 주사위로 적절한 것을 고르시오.

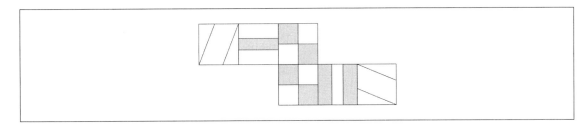

①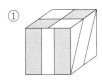

②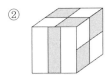

③

④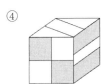

⑤

8 다음 도형을 펼쳤을 때 나타날 수 있는 전개도를 고르시오.

①

②

③

④

⑤

9 다음은 '방과 후 독서 활동 활성화'에 관한 글을 쓰기 위해 작성한 개요이다. 수정 의견으로 적절하지 않은 것은?

Ⅰ. 서론 : 학생 여가 활동의 필요성 증대 ┈┈┈┈┈┈┈┈┈┈┈┈┈┈┈┈┈┈┈┈ ㉠
Ⅱ. 방과 후 독서 활동의 실태 ┈┈┈┈┈┈┈┈┈┈┈┈┈┈┈┈┈┈┈┈┈┈┈┈┈┈┈┈┈ ㉡
  • 방과 후 독서 활동 시간의 부실한 운영
Ⅲ. 방과 후 독서 활동 운영의 장애 요인
    ㉠ 방과 후 독서 활동 시간 및 관련 예산 부족 ┈┈┈┈┈┈┈┈┈┈┈┈ ㉢
    ㉡ 방과 후 독서 활동을 위한 학교 내 시설 및 공간 부족
    ㉢ 방과 후 독서 활동을 지도할 전문 인력 부족
Ⅳ. 방과 후 독서 활동의 활성화 방안 ┈┈┈┈┈┈┈┈┈┈┈┈┈┈┈┈┈┈┈┈┈ ㉣
    ㉠ 방과 후 독서 활동 시간 확대
    ㉡ 방과 후 독서 활동을 위한 시설 및 공간 확보
    ㉢ 방과 후 독서 활동을 위한 학교 예산 확충
Ⅴ. 결론 : 방과 후 독서 활동 활성화를 위한 학생의 인식제고 ┈┈┈┈ ㉤

① ㉠은 논지를 명확하게 하기 위해 '방과 후 독서 활동의 필요성 증대'로 바꾼다.
② ㉡에는 내용을 보강하기 위해 '학교 체험 활동과의 연계성 강화'라는 하위 항목을 추가한다.
③ ㉢에서 '시간'과 관련된 내용은 'Ⅱ'와 중복되는 부분이 있으므로 중복되는 부분을 삭제한다.
④ ㉣에는 글의 완결성을 위해 '방과 후 독서 활동을 지도할 전문 인력 확보와 양성'을 추가한다.
⑤ ㉤은 글 전체의 흐름과 부합하도록 '방과 후 독서 활동 활성화를 위한 학교의 지원 촉구'로 바꾼다.

10 노새와 당나귀가 당근을 먹으려고 한다. 이 때 노새가 "네가 나한테 당근을 하나 주면 내가 가진 당근 수가 너의 두 배가 되고, 내가 너한테 당근을 하나 주면 우리는 같은 수의 당근을 가진다."고 말하였다. 노새와 당나귀가 처음에 가지고 있던 당근 수의 합은?

① 8개   ② 9개
③ 10개   ④ 11개
⑤ 12개

11 S씨는 자신의 재산을 운용하기 위해 자산에 대한 설계를 받고 싶어 한다. S씨는 자산 설계사 A ~ E를 만나 조언을 들었다. 그런데 이들 자산 설계사들은 주 투자처에 대해서 모두 조금씩 다르게 추천을 해주었다. 해외펀드, 해외부동산, 펀드, 채권, 부동산이 그것들이다. 다음을 따를 때, A와 E가 추천한 항목은?

> • S씨는 A와 D와 펀드를 추천한 사람과 같이 식사를 한 적이 있다.
> • 부동산을 추천한 사람은 A와 C를 개인적으로 알고 있다.
> • 채권을 추천한 사람은 B와 C를 싫어한다.
> • A와 E는 해외부동산을 추천한 사람과 같은 대학에 다녔었다.
> • 해외펀드를 추천한 사람과 부동산을 추천한 사람은 B와 같이 한 회사에서 근무한 적이 있다.
> • C와 D는 해외부동산을 추천한 사람과 펀드를 추천한 사람을 비난한 적이 있다.

① 펀드, 해외펀드 　　　　　　② 채권, 펀드

③ 부동산, 펀드 　　　　　　　④ 채권, 부동산

⑤ 펀드, 부동산

12 다음 조건을 읽고 옳은 설명을 고르시오.

> • 민희의 어머니는 요리를 한다.
> • 요리하는 모든 사람이 난폭하지는 않다.
> • 난폭한 사람은 배려심이 없다.
> • 누리의 어머니는 난폭하다.

> A : 민희의 어머니는 난폭하지 않다.
> B : 누리의 어머니는 배려심이 없다.

① A만 옳다.

② B만 옳다.

③ A와 B 모두 옳다.

④ A와 B 모두 그르다.

⑤ A와 B 모두 옳은지 그른지 알 수 없다.

13 다음과 같이 화살표 방향으로 종이를 접었을 때의 뒷면의 모양에 해당하는 것을 고르시오.

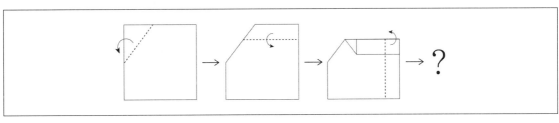

①

②

③

④

⑤

14 다음 제시된 그림과 같이 쌓기 위해 필요한 블록의 수를 구하시오.

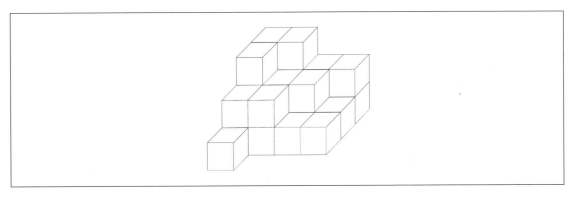

① 23개   ② 24개

③ 25개   ④ 26개

⑤ 27개

15 제시된 단어와 같은 관계가 되도록 괄호 안에 적절한 단어를 고르시오.

반죽 : 밀가루 = 타이어 : (   )

---

① 고무
② 얼음
③ 보석
④ 유리
⑤ 수증기

16 물통을 가득 채울 때 관 A의 경우 5시간, 관 B의 경우 7시간이 걸리고, 처음 1시간은 A관만 사용하여 물통에 물을 채우고, 이후의 시간동안은 A관과 B관을 동시에 사용하여 물통에 물을 채웠을 때, 물통에 물이 가득 찰 때까지 몇 시간이 걸리는가?

① 2시간 20분
② 2시간 40분
③ 3시간 20분
④ 3시간 40분
⑤ 4시간 20분

17 다음의 목차에 따라 글을 쓰고자 한다. 글쓰기에 대한 의견으로 적절하지 않은 것은?

제목 : 전산망 보호를 위한 방화벽 시스템의 도입에 대한 제안
Ⅰ. 전산망 보호를 위한 방화벽 시스템의 개념
Ⅱ. 방화벽 시스템의 필요성
Ⅲ. 방화벽 시스템의 종류
Ⅳ. 방화벽 시스템의 문제점과 한계
Ⅴ. 방화벽 시스템의 운영 비용

① 보유 정보가 해커들로부터 보호할 만한 가치가 있는 것인지에 대한 검토가 Ⅰ에서 이루어져야지.

② 내부 네트워크의 자원 및 정보에 대한 해커들의 불법 침입으로 인한 피해 사례를 Ⅱ에서 다루는 게 좋겠어.

③ Ⅲ에서는 전산망 보호를 위한 방화벽 시스템을 종류별로 살피면서 각 시스템의 장점과 단점도 제시할 수 있어야지.

④ Ⅳ의 내용은 이 글의 흐름으로 보아 목차의 하나로 배치하기에는 문제가 있어. 방화벽 도입의 필요성을 다시 한 번 강조하는 결론을 별개의 장으로 설정하고, 거기에서 간단하게만 언급해야 할 것 같아.

⑤ Ⅴ의 내용은 시스템의 종류에 따라 달라질 테니, Ⅲ에서 동시에 다루는 게 좋겠어.

18 다음과 같이 화살표 방향으로 종이를 접어 가위로 잘라낸 뒤 펼친 모양에 해당하는 것을 고르시오.

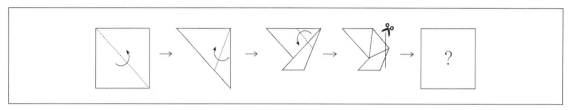

①

②

③

④

⑤

19 한 학년에 세 개의 반이 있는 학교가 있다. 학생수가 A반은 20명, B반은 30명, C반은 50명이고, 수학 점수 평균이 A반은 70점, B반은 80점, C반은 60점일 때, 이 세 반의 평균은 얼마인가?

① 62점　　　　　　　　　　　　　　② 64점

③ 66점　　　　　　　　　　　　　　④ 68점

⑤ 70점

20 다음 자료는 맞벌이 가구에 관한 통계 자료이다. 유(有)배우가구가 1,200만 가구라 할 때, 아래 ㉠, ㉡을 구하면? (필요한 경우 소수점 첫째자리에서 반올림)

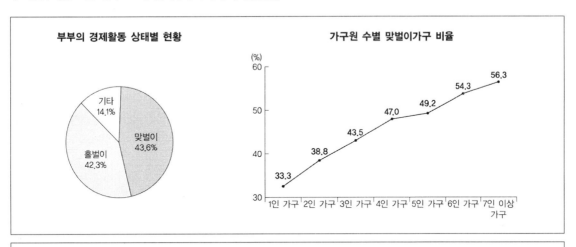

부부의 경제활동 상태별 현황

기타 14.1%
맞벌이 43.6%
홀벌이 42.3%

가구원 수별 맞벌이가구 비율

1인 가구	2인 가구	3인 가구	4인 가구	5인 가구	6인 가구	7인 이상 가구
33.3	38.8	43.5	47.0	49.2	54.3	56.3

㉠ 홀벌이 가구 수는 얼마인가?
㉡ 유(有)배우가구 중 3인 가구 비율이 25%일 때, 3인 가구의 맞벌이 가구 수는 얼마인가?

① ㉠ : 505만 가구, ㉡ : 132만 가구
② ㉠ : 507만 가구, ㉡ : 128만 가구
③ ㉠ : 508만 가구, ㉡ : 131만 가구
④ ㉠ : 509만 가구, ㉡ : 132만 가구
⑤ ㉠ : 510만 가구, ㉡ : 133만 가구

21 다음 글을 순서대로 바르게 배열한 것은?

> ㉠ 우리의 서울대공원의 첫날인 5월 1일의 이상한 열기에서 여러 가지를 생각했고 그 질서의 모습에 유감을 표시했었다.
>
> ㉡ 서울대공원에서 들려오는 소식은 그런 문제를 제기한다. 문을 연 지 보름 동안에 검정 코뿔소 등 수입 동물 23종 35마리와 창경원에서 옮겨 온 고라니 등 11마리가 죽은 것이다.
>
> ㉢ 지구상에는 실로 갖가지 동물이 살고 있으며 제각기 독자적인 생활 방식을 갖고 있다. 동물원은 이런 동물을 한 곳에 모아 놓은 곳이므로 사람이 아무리 신경을 써 봐야 그 시설은 본래의 자연과 같을 수는 없다. 새로 문을 연 동물원일수록 그 다양한 동물을 새로운 기후와 환경에 적응케 하고 순치(馴致)한다는 일은 험난하다.
>
> ㉣ 동시에 우리는 그 관객의 처리에도 문제가 있다는 것을 생각하지 않을 수 없다. 그 날의 광경에서는 복잡한 요소가 있었으며 질서를 지키려 해도 간단하게 될 수 없었다는 것을 고언(苦言)하지 않을 수 없다.
>
> ㉤ 동물원측은 그 원인을 여러 가지로 들고 있지만 결국은 동물원을 경영한 사람의 잘못으로 귀착된다. 운영 잘못으로 목숨을 잃은 동물만 가엾다. 서울대공원에 오지 않았더라면 죽지 않았을 것을……

① ㉠ - ㉡ - ㉣ - ㉤ - ㉢

② ㉠ - ㉢ - ㉡ - ㉤ - ㉣

③ ㉢ - ㉡ - ㉤ - ㉠ - ㉣

④ ㉢ - ㉤ - ㉠ - ㉡ - ㉣

⑤ ㉣ - ㉡ - ㉠ - ㉤ - ㉢

22 다음 각 기호가 일정한 규칙에 따라 문자들을 변환시킬 때, 문제의 "?'에 들어갈 알맞은 것을 구하시오.

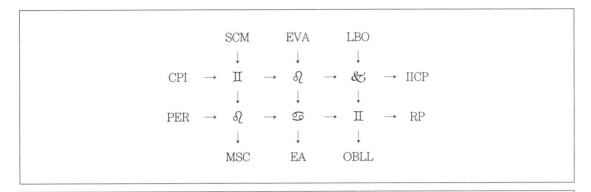

$$ACE \rightarrow ♋ \rightarrow \& \rightarrow (\quad)$$

① AEC

② ACE

③ ECA

④ AAC

⑤ CAA

23 세 극장 A, B와 C는 직선도로를 따라 서로 이웃하고 있다. 이들 극장의 건물 색깔이 회색, 파란색, 주황색이며 극장 앞에서 극장들을 바라볼 때 다음과 같다면 옳은 것은?

- B극장은 A극장의 왼쪽에 있다.
- C극장의 건물은 회색이다.
- 주황색 건물은 오른쪽 끝에 있는 극장의 것이다.

① A의 건물은 파란색이다.

② A는 가운데 극장이다.

③ B의 건물은 주황색이다.

④ C는 맨 왼쪽에 위치하는 극장이다.

⑤ C의 건물은 파란색이다.

24 다음은 일정한 규칙에 따라 배열한 수열이다. 빈칸에 들어갈 알맞은 수를 고르시오.

14 23 32 41 50 59 ( )

① 70   ② 69

③ 68   ④ 67

⑤ 66

25 5%의 소금물과 15%의 소금물로 12%의 소금물 200g을 만들고 싶다. 각각 몇 g씩 섞으면 되는가?

	5% 소금물	15% 소금물
①	40g	160g
②	50g	150g
③	60g	140g
④	70g	130g
⑤	80g	120g

26 다음 제시된 기호의 규칙을 찾아 빈칸에 들어갈 알맞은 숫자를 구하시오.

3!7=5   4!3=13   6!9=15   7!( )=18

① 9   ② 10

③ 11   ④ 12

⑤ 13

27 어느 인기 그룹의 공연을 준비하고 있는 기획사는 다음과 같은 조건으로 총 1,500장의 티켓을 판매하려고 한다. 티켓 1,500장을 모두 판매한 금액이 6,000만 원이 되도록 하기 위해 판매해야 할 S석 티켓의 수를 구하면?

> (개) 티켓의 종류는 R석, S석, A석 세 가지이다.
> (내) R석, S석, A석 티켓의 가격은 각각 10만 원, 5만 원, 2만 원이고, A석 티켓의 수는 R석과 S석 티켓의 수의 합과 같다.

① 450장

② 600장

③ 750장

④ 900장

⑤ 1,050장

| 28-29 | 다음 글을 읽고 물음에 답하시오.

보통 알코올 도수가 높은 술은 증류주(蒸溜酒)에 속한다. 중국의 바이주(白酒), 러시아의 보드카, 영국의 위스키, 프랑스의 브랜디가 모두 증류주다. 최근에야 알코올 도수가 20~30%까지 낮아졌지만, 원래 증류주는 40%가 넘었다. 증류를 하는 대상은 주로 양조주(釀造酒)다. 중국의 바이주는 쌀이나 수수로 만든 양조주인 청주나 황주(黃酒)를 먼저 만든 후, 그것을 증류하면 된다. 가오량주(高粱酒)는 그 재료가 수수라서 생긴 이름이다. 위스키는 주로 보리로 양조주인 맥주를 만든 후 그것을 증류해서 만든다. 브랜디는 포도를 원료로 만든 와인을 증류한 술이다. 그렇다면 한국의 소주는 과연 증류주인가.

당연히 증류주라고 해야 옳다. 다만 시중에서 즐겨 마시는 '국민 대중의 술' 소주는 온전한 증류주라고 말하기 어렵다. 상표를 자세히 살펴보면 '희석식 소주'라고 표시돼 있다. 도대체 무엇에 무엇을 희석했다는 것인가. 고구마나 타피오카 같은 곡물에 알코올 분해해 정제시킨 주정(酒精)에 물과 향료를 희석시킨 것이 바로 이 술이다. 주정은 그냥 마시면 너무 독해서 치명적이기에 물을 섞어야 한다. 이와 같은 주정은 결코 전래의 증류 방식이 온전하게 도입된 것이 아니다. 밑술인 양조주를 굳이 만들지 않고 발효균을 넣어 기계에 연속으로 증류시켜 만든다. 당연히 양조주가 지닌 원래의 독특한 향기도 주정에는 없다.

28 다음 중 나머지 것들과 구분되는 것은?

① 청주   ② 황주
③ 맥주   ④ 와인
⑤ 위스키

29 위 글의 제목으로 가장 적절한 것은?

① 증류주의 역사   ② 양조주의 전통과 향기
③ 전통적 증류주 '소주'   ④ 증류주의 다양성
⑤ 소주의 정체(正體)

30 글쓴이의 견해에 부합하지 않는 것은?

> 사물 인터넷(IoT, Internet of Things)의 정의로 '수십 억 개의 사물이 서로 연결되는 것'이라고 설명하는 것은 그리 유용하지 않다. 사물 인터넷이 무엇인지 이해하기 위해서는 '사물'에서 출발하기보다는 '인터넷'에서 출발하는 것이 좋다. 인터넷이 전 세계의 컴퓨터를 서로 소통하도록 만든다는 생각이 실현된 것이라면, 사물 인터넷은 이제 전 세계의 사물들을 '컴퓨터로 만들어' 서로 소통하도록 만든다는 생각을 실현하는 것이다. 컴퓨터는 본래 전원이 있고 칩이 있고, 이것이 통신 장치와 프로토콜을 갖게 되어 연결된 것이다. 그렇다면 이제는 전원이 있었던 전자 기기나 기계 등은 그 자체로, 전원이 없었던 일반 사물들은 새롭게 센서와 배터리, 통신 모듈이 부착되면서 컴퓨터가 되고 이렇게 컴퓨터가 된 사물들이 그들 간에 또는 인간의 스마트 기기와 네트워크로 연결되는 것이다.
>
> 현재의 인터넷과 사물 인터넷의 차이를, 혹자는 사람이 개입되는 것은 사물 인터넷이 아니라고 이야기하면서 엄격한 M2M(Machine to Machine)이라는 개념에 근거해 설명한다. 또 혹자는 사물 인터넷이 실현되려면 사람만큼 사물이 판단할 수 있어야 한다고 주장하면서 사물의 지능성을 중요시하는 경우도 있는데, 두 가지 모두 그릇된 것이다. 사물 인터넷을 제대로 이해하려면 기존 인터넷과의 차이점에 주목하기보다는 오히려 공통점을 인식하는 것이 더 중요하다. 컴퓨터를 서로 연결하는 수준에서 출발한 것이 기존의 인터넷이라면, 이제는 사물 각각이 컴퓨터가 되고, 그 사물들이 사람과 손쉽게 닿는 스마트폰, 스마트 워치 등과 서로 소통하는 것이다.

① 사물 인터넷의 개념을 파악하기 위해서는 기존 인터넷과의 공통점을 이해하는 것이 필요하다.

② 사물 인터넷은 사람 수준의 지능을 가진 사물들이 네트워크상에서 인간의 개입 없이 서로 소통하는 것으로 정의된다.

③ 센서와 배터리, 통신 모듈 등을 갖춘 사물들이 네트워크로 연결되어 사물 인터넷으로 기능한다.

④ 사물 인터넷을 제대로 이해하기 위해서는 '사물'보다 '인터넷'에서 먼저 출발해야 한다.

⑤ 사물 인터넷은 컴퓨터가 아니었던 사물도 네트워크로 연결될 수 있다는 점에서 기존의 인터넷과 다르다.

31 다음 제시된 그림과 같이 쌓기 위해 필요한 블록의 수를 구하시오.

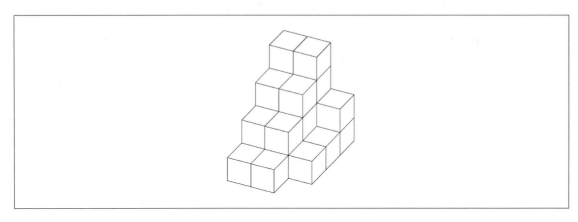

① 18

② 20

③ 22

④ 24

⑤ 25

32 다음에 제시된 숫자의 배열을 보고 규칙을 찾아 "?"에 들어갈 숫자를 구하시오.

4	3
5	

5	7
10	

6	10
?	

① 10

② 11

③ 12

④ 13

⑤ 14

33 다음 제시된 세 개의 단면을 참고하여 이에 해당하는 입체도형을 고르시오.

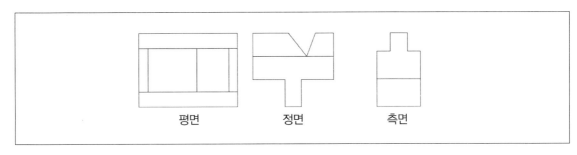

평면　　　　정면　　　　측면

① 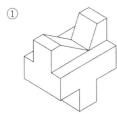　　　②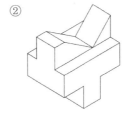

③ 　　　④

⑤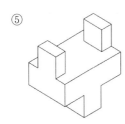

34 두 기업 서원각, 소정의 작년 상반기 매출액의 합계는 91억 원이었다. 올해 상반기 두 기업 서원각, 소정의 매출액은 작년 상반기에 비해 각각 10%, 20% 증가하였고, 두 기업 서원각, 소정의 매출액 증가량의 비가 2 : 3이라고 할 때, 올해 상반기 두 기업 서원각, 소정의 매출액의 합계는?

① 96억 원　　　　　　　② 100억 원
③ 104억 원　　　　　　 ④ 108억 원
⑤ 112억 원

35 다음 도형에서 찾을 수 있는 모든 삼각형의 개수는?

① 10개

② 12개

③ 13개

④ 14개

⑤ 15개

36 다음 글의 주제를 분명히 드러내기 위해 (　　) 안에 들어갈 알맞은 말을 고르면?

　　우리 속담 가운데 "콩 심은 데 콩 나고, 팥 심은 데 팥 난다."라는 말이 있다. 공부하지 않고 성적이 향상되기를 바라는 사람에게 주는 교훈이다. 농부가 씨앗을 잘 간수해 두었다가 때를 맞추어 뿌리고, 심고, 가꾸어야 풍성한 결실을 거둘 수 있다. 돈을 낭비하면 가난뱅이가 되고, 시간을 낭비하면 낙오자가 된다.

　　논밭을 망치는 것은 잡초요, 사람을 망치는 것은 허영이다. 모든 일은 심은 대로 거두는 것이다. 우리는 심은 것을 거두는 (　　　　　　　　　)(을)를 마음속에 되새겨야 할 것이다.

① 긍정적 사고방식

② 인과응보의 진리

③ 성공과 실패의 차이

④ 낭비하지 않는 습관

⑤ 매순간 할 일을 다 하는 열정

37 다음 진술이 참이 되기 위해서 꼭 필요한 전제를 보기에서 모두 고르시오.

> 봉사자는 웃을 수 있다.

〈보기〉

㉠ 봉사자는 마음이 따뜻하다.   ㉡ 봉사자는 매사에 긍정적이다.
㉢ 봉사자는 정기적으로 기부한다.   ㉣ 긍정적인 사람은 웃을 수 있다.
㉤ 부정적인 사람은 비난할 수 있다.   ㉥ 포기하는 사람은 웃을 수 없다.

① ㉠㉣   ② ㉠㉤
③ ㉡㉣   ④ ㉡㉤
⑤ ㉢㉣

38 다음 지문의 내용과 일치하지 않는 것은?

> 잎으로 곤충 따위의 작은 동물을 잡아서 소화 흡수하여 양분을 취하는 식물을 통틀어 식충 식물이라 한다. 대표적인 식충 식물로는 파리지옥이 있다.
>
> 주로 북아메리카에서 번식하는 파리지옥은 축축하고 이끼가 낀 곳에서 곤충을 잡아먹으며 사는 여러 해살이 식물이다. 중심선에 경첩 모양으로 달린 두 개의 잎 가장자리에는
>
> 가시 같은 톱니가 나 있다. 두 개의 잎에는 각각 세 개씩의 긴 털, 곧 감각모가 있다. 이 감각모에 파리 따위가 닿으면 양쪽으로 벌어져 있던 잎이 순식간에 서로 포개지면서 닫힌다. 낮에 파리 같은 먹이가 파리지옥의 이파리에 앉으면 0.1초 만에 닫힌다. 약 10일 동안 곤충을 소화하고 나면 잎이 다시 열린다.
>
> 파리지옥의 잎 표면에 있는 샘에서 곤충을 소화하는 붉은 수액이 분비되므로 잎 전체가 마치 붉은색의 꽃처럼 보인다. 파리지옥의 잎이 파리가 앉자마자 0.1초 만에 닫힐 수 있는 것은, 감각모가 받는 물리적 자극에 의해 수액이 한꺼번에 몰리면서 잎의 모양이 바뀌기 때문이라고 알려졌다.

① 식충식물은 잎으로 작은 곤충을 섭취하는 식물이다.
② 파리지옥은 감각모를 이용해 곤충을 감지한다.
③ 파리지옥은 물리적 자극에 의해 잎의 모양이 바뀐다.
④ 파리지옥은 잎에 달린 가시 같은 톱니로 저작운동을 한다.
⑤ 파리지옥이 곤충을 소화시킬 동안은 잎이 닫혀있다.

39 다음은 11개 전통건축물의 공포양식과 주요 구조물의 치수에 대한 조사 자료이다. 이에 대한 설명 중 옳은 것은?

(단위 : 척)

명칭	현 소재지	공포양식	기둥 지름	처마서까래 지름	부연	
					폭	높이
숭례문	서울	다포	1.80	0.60	0.40	0.50
관덕정	제주	익공	1.50	0.50	0.25	0.30
봉정사 화엄강당	경북	주심포	1.50	0.55	0.40	0.50
문묘 대성전	서울	다포	1.75	0.55	0.35	0.45
창덕궁 인정전	서울	다포	2.00	0.70	0.40	0.60
남원 광한루	전북	익공	1.40	0.60	0.55	0.55
화엄사 각황전	전남	다포	1.82	0.70	0.50	0.60
창의문	서울	익공	1.40	0.50	0.30	0.40
장곡사 상대웅전	충남	주심포	1.60	0.60	0.40	0.60
무량사 극락전	충남	다포	2.20	0.80	0.35	0.50
덕수궁 중화전	서울	다포	1.70	0.70	0.40	0.50

① 서울에 있는 건축물은 모두 다포식으로 지어졌다.
② 11개 건축물의 최대 기둥 지름은 2.00척이다.
③ 11개 건축물의 부연은 높이가 폭보다 크다.
④ 각 건축물의 기둥지름 대비 처마서까래지름 비율은 0.50을 넘지 않는다.
⑤ 서울을 제외한 다른 지역의 건축물은 하나씩만 조사되었다.

40 다음 중 정사각형을 만드는데 필요 없는 조각 하나를 고르시오.

①

②

③

④

⑤

41 다음 제시된 〈보기〉의 블록이 도형 A, B, C를 조합하여 만들어질 때, 도형 C에 해당하는 것을 고르시오.

〈보기〉	도형 A	도형 B	도형 C

①

②

③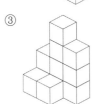

④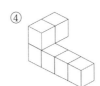

⑤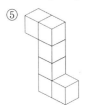

42 〈보기〉의 글이 들어갈 위치로 적절한 곳은?

---〈보기〉---

고대 그리스의 민주주의나 마그나 카르타(대헌장) 이후의 영국 민주주의는 귀족이나 특정 신분 계층만이 누릴 수 있는 체제였다.

㉮ 민주주의, 특히 대중 민주주의의 역사는 생각보다 짧다. ㉯ 우리가 흔히 알고 있는 대중 민주주의, 즉 모든 계층의 성인들이 1인 1표의 투표권을 행사할 수 있는 정치 체제는 영국에서 독립한 미국에서 시작되었다고 보는 것이 맞다. ㉰ 하지만 미국에서조차도 20세기 초에야 여성에게 투표권을 부여하면서 제대로 된 대중 민주주의의 형태를 갖추게 되었다. ㉱ 유럽의 본격적인 민주주의 도입도 19세기 말에야 시작되었고, 유럽과 미국을 제외한 각국의 대중 민주주의의 도입은 이보다 훨씬 더 늦었다. ㉲

① ㉮   ② ㉯
③ ㉰   ④ ㉱
⑤ ㉲

43 1분에 2m씩 움직이는 개미 A와 1분에 3m씩 움직이는 개미 B가 있다. 개미 A가 직선으로 만들어진 통의 원점에서 출발한지 2분 후에 개미 B가 원점에서 A가 움직인 방향으로 움직이기 시작했다. A와 B가 서로 만나는 것은 A가 출발한지 몇 분 후인가?

① 3분   ② 4분
③ 5분   ④ 6분
⑤ 7분

44 어떤 모임에서는 참가자들에게 사탕을 나누어 주는데 6개씩 나누어 주면 4개가 남고 7개씩 나누어 주면 1명은 5개보다 적게 받는다. 이때 참가자는 최소 몇 명인가?

① 4명　　　　　　　　　　　　　　② 7명

③ 8명　　　　　　　　　　　　　　④ 10명

⑤ 11명

45 다음 제시된 입체 중에서 나머지와 모양이 다른 하나를 고르시오.

①

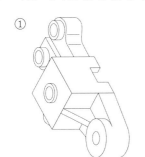

②

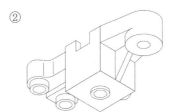

③

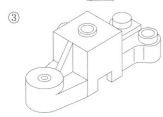

④

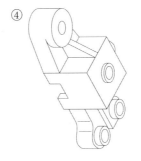

⑤

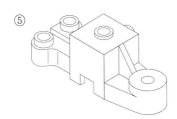

46 다음 중 글의 흐름으로 볼 때 삭제해도 되는 문장은?

　　현재 리셋 증후군이 인터넷 중독의 한 유형으로 꼽고 있다. ① '리셋 증후군'이라는 말은 1990년 일본에서 처음 생겨났는데, 국내에선 1990년대 말부터 쓰이기 시작했다. ② 리셋 증후군 환자들은 현실에서 잘못을 하더라도 버튼만 누르면 해결될 수 있다고 생각해서 아무런 죄의식이나 책임감 없이 행동한다. ③ 리셋 증후군 환자들은 현실과 가상을 구분하지 못하여 게임에서 실행했던 일을 현실에서 저지르고 뒤늦게 후회하는 경우가 많다. ④ 리셋 증후군은 정신질환의 일종으로 판단하여 법적으로 심신미약 상태라는 판정되는 정신적 질환이다. ⑤ 특히, 이러한 특성을 지닌 청소년들은 무슨 일이든지 쉽게 포기하고 책임감 없는 행동을 하며, 마음에 들지 않는 사람이 있으면 칼로 무를 자르듯 관계를 쉽게 끊기도 한다.

47 다음 도형들의 일정한 규칙을 찾아 "?" 표시된 부분에 들어갈 도형을 고르시오.

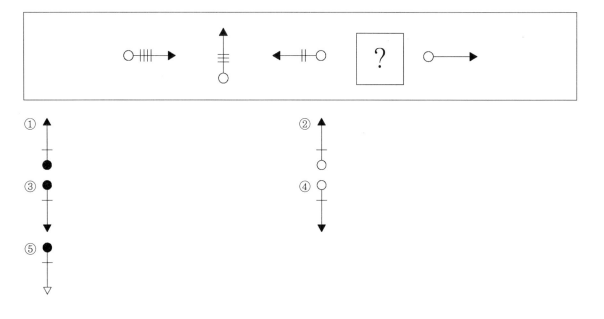

48 다음 두 그림을 비교하였을 때, 다른 부분은 몇 개인가?

① 7

② 8

③ 9

④ 10

⑤ 11

1 다음 글의 제목으로 가장 적절한 것은?

> 판소리는 전체적인 통일성이 유지되지 않더라도 한 장면의 의도를 온전히 구현하기 위해서 해당 부분의 충실한 형상화를 가능하게 하는 '장면 극대화의 원리'가 적용되곤 한다. 이로 인해 서사적 요소인 사설의 형식적 논리가 파괴되는 것처럼 보이기도 하지만 판소리의 관례로 본다면 그렇게 볼 수만은 없다. 판소리는 삶의 다양한 국면들을 생생한 현장의 목소리로 전하고자 하는데 삶은 논리만으로는 해명될 수 없는 면이 있다. 딸을 판 아버지라면 남은 생을 고뇌와 비탄 속에서 살아가는 것이 논리적이겠지만, 이것이 삶의 전면적 진실은 아니다. 극도의 슬픔에 빠진 인간에게도 다시 웃을 일은 생기는 것이고, 그러면 웃는 것이 우리의 삶이다. 시간이 흐른 뒤 심 봉사처럼 딸을 판 대가로 받은 많은 돈을 자랑하며 마을을 어슬렁거릴 수도 있는 것이다. 삶과 관련지어 본다면 심 봉사의 골계적인 모습은 비탄으로 시종하는 것보다 더 현실적인 것이며 이에 대한 풍자가 판소리 특유의 재미를 낳는다. 판소리는 이처럼 삶의 진실성을 예술적으로 승화한다.

① 판소리, 기원과 역사를 찾아서
② 판소리, 전통 계승의 길을 찾아서
③ 판소리, 삶의 전면적 진실을 찾아서
④ 판소리, 다양한 관객의 비밀을 찾아서
⑤ 판소리, 풍자와 해학을 찾아서

2 제시된 단어와 같은 관계가 되도록 괄호 안에 적절한 단어를 고르시오.

> 예술 : 패션 = 연예인 : (   )

① 교사
② 과학자
③ 가수
④ 동물
⑤ 나무

3 다음에 제시된 9개의 단어 중 관련된 3개의 단어를 통해 유추할 수 있는 것을 고르시오.

> 계산기, 단풍, 키보드, 자동차, 연기, 고추잠자리, 영화, 플라스틱, 추수

① 극장
② 여름
③ 가을
④ 공장
⑤ 부채

4 〈보기〉의 글이 들어갈 위치로 적절한 곳은?

> ──────── 〈보기〉 ────────
> 독립된 존재란 다른 것에 의존하지 않는 존재라는 뜻이다.

몸과 마음의 관계에 대한 전통적인 이원론에 따르면 마음은 몸과 같이 하나의 대상이며 몸과 독립되어 존재하는 실체이다. ㉮ 몸이 마음 없이도 그리고 마음이 몸 없이도 존재할 수 있다는 주장이 실체이원론이며, 이 이론을 대표하는 철학자로 통상 데카르트가 언급된다. ㉯ 몸이 마음 없이도 그리고 마음이 몸 없이도 존재할 수 있다는 주장이 실체이원론이며, 이 이론을 대표하는 철학자로 통상 데카르트가 언급된다. ㉰ 두뇌를 포함한 몸은 그것의 크기, 무게, 부피, 위치 등의 물리적 속성을 가지고 있는 반면, 마음은 물리적 속성을 결여한 비물리적 실체이다. ㉱ 이성을 가지는 것은 기계가 아니라 전혀 다른 어떤 실체이다. ㉲

① ㉮
② ㉯
③ ㉰
④ ㉱
⑤ ㉲

5 다음은 A카페의 커피 판매정보에 대한 자료이다. 한 잔만을 더 판매하고 영업을 종료한다고 할 때, 총이익이 정확히 64,000원이 되기 위해서 판매해야 하는 메뉴는?

(단위 : 원, 잔)

구분 / 메뉴	판매가격 (1잔)	현재까지 판매량	한 잔당 재료				
			원두 (200)	우유 (300)	바닐라 (100)	초코 (150)	캐러멜 (250)
아메리카노	3,000	5	O	X	X	X	X
카페라떼	3,500	3	O	O	X	X	X
바닐라라떼	4,000	3	O	O	O	X	X
카페모카	4,000	2	O	O	X	O	X
캐러멜라떼	4,300	6	O	O	O	X	O

※ 메뉴별 이익＝(메뉴별 판매가격−메뉴별 재료비) × 메뉴별 판매량
※ 총이익은 메뉴별 이익의 합이며, 다른 비용은 고려하지 않음.
※ A카페는 5가지 메뉴만을 판매하며, 메뉴별 1잔 판매 가격과 재료비는 변동 없음.
※ O : 해당 재료 한 번 사용, × : 해당 재료 사용하지 않음.

① 아메리카노 　　　　　　② 카페라떼
③ 바닐라라떼 　　　　　　④ 카페모카
⑤ 캐러멜라떼

6 다음은 2021년 국가별 수출입 실적표이다. 표에 대한 설명 중 옳지 않은 것은?

(단위 : 백만 달러)

국가	수출건수	수출금액	수입건수	수입금액	무역수지
브라질	485,549	9,685,217	68,524	4,685,679	4,999,538
중국	695,541	26,574,985	584,963	14,268,957	12,306,028
인도	74,218	6,329,624	19,689	967,652	5,361,972
그리스	54,958	7,635,148	36,874	9,687,452	−2,052,304

① 2021년 수출금액이 가장 큰 국가는 중국이다.
② 그리스는 위 4개국 중 수출건수가 가장 적다.
③ 브라질과 인도의 무역수지를 더한 값은 중국의 무역수지 값보다 크다.
④ 브라질과 그리스의 수입금액의 합은 중국의 수입금액보다 크다.
⑤ 위 4개국 중 무역수지 적자를 기록한 국가는 그리스다.

7 다음 전개도를 접었을 때 나타나는 정육면체의 모양이 아닌 것을 고르시오.

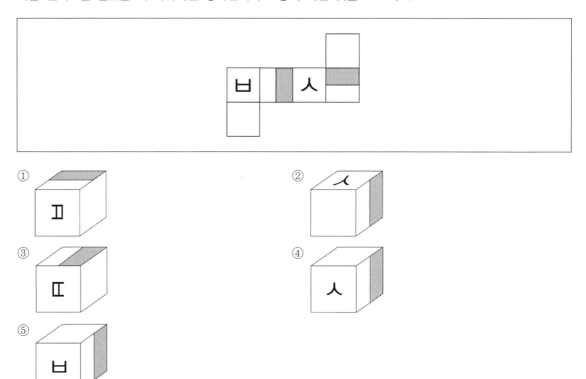

8   다음 제시된 전개도로 만들 수 있는 주사위로 적절한 것을 고르시오.

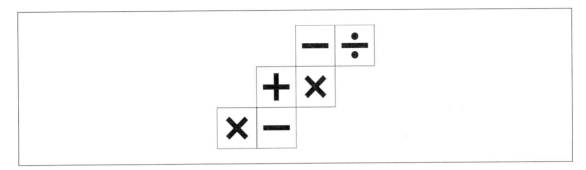

①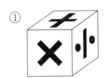

②

③

④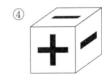

⑤

9 다음 글의 빈칸에 들어갈 말로 가장 적절한 것은?

> 텔레비전은 ＿＿＿＿＿＿＿＿＿＿＿＿＿＿ 전통적인 의미에서의 참다운 친구를 잃은 현대인의 공허함을 메워 주는 역할을 할 수 있다는 말이다. 진정한 친구는 외로울 때에 동반자가 되어 주고, 슬플 때에 위로해 줄 수 있어야 하는데, 텔레비전은 이를 대신해 줄 수 있기 때문이다. 그래서 좋은 텔레비전 프로그램은 진정한 친구가 없는 현대 사회의 많은 청소년에게 따뜻한 친구 역할을 한다. 좋은 음악 프로그램을 들으면서 아름다운 꿈을 키우기도 하고, 감동적인 드라마나 다큐멘터리 프로그램을 통해 깊은 내면의 교감을 나누기도 한다. 텔레비전은 다른 어떤 현실 속의 친구보다도 좋은 친구 역할을 하는 셈이다. 또, 실제 친구들과 나눌 이야깃거리를 제공해 주고, 공통된 화제로 대화를 끌고 가도록 만드는 역할을 하기도 한다.

① 강력한 교육적 기능을 가지고 있다.
② 영향력 있는 사회 교육 교사로서의 역할을 한다.
③ 세상을 살아가는 데 필요한 정보를 얻는 창구이기도 하다.
④ 대화 상대가 필요한 현대인에게 좋은 친구가 될 수 있다.
⑤ 대화를 단절시켜 좋은 인간관계 형성을 가로막는다.

10 1일 날 8시간 동안 갑과 을이 함께 작업하여 일의 $\frac{1}{4}$ 을 마쳤고, 2일 날 8시간 동안 을과 병이 함께 작업하여 일의 $\frac{1}{3}$ 을 마쳤으며, 3일 날 8시간 동안 갑과 병이 함께 작업하여 일을 마쳐 3일 만에 기계 1대를 만들었다. 갑, 을, 병이 모두 함께 일을 시작하여 하루 4시간씩 작업할 때, 기계 20대를 만드는 데 걸리는 일수는?

① 15일   ② 30일
③ 50일   ④ 65일
⑤ 80일

11 다음 조건을 읽고 보기 중 옳은 설명을 고르시오.

- 재희, 승현, 미영, 소은, 시후가 5층 건물의 각 층에 살고 있다.
- 재희와 승현이네 집 층수 차이는 승현이와 시후네 집 층수 차이와 같다.
- 미영이는 소은이보다 2층 더 높은 집에 산다.

A : 승현이는 2층에 산다.
B : 소은이는 3층에 산다.

---

① A만 옳다.
② B만 옳다.
③ A와 B 모두 옳다.
④ A와 B 모두 그르다.
⑤ A와 B 모두 옳은지 그른지 알 수 없다.

12 수덕, 원태, 광수는 임의의 순서로 빨간색, 파란색, 노란색 지붕을 가진 집에 나란히 이웃하여 살고, 개, 고양이, 원숭이라는 서로 다른 애완동물을 기르며, 광부·농부·의사라는 서로 다른 직업을 갖는다. 알려진 정보가 다음과 같을 때, 옳은 것은?

- 광수는 광부이다.
- 가운데 집에 사는 사람은 개를 키우지 않는다.
- 농부와 의사의 집은 서로 이웃해 있지 않다.
- 노란 지붕 집은 의사의 집과 이웃해 있다.
- 파란 지붕 집에 사는 사람은 고양이를 키운다.
- 원태는 빨간 지붕 집에 산다.

---

① 수덕은 빨간 지붕 집에 살지 않고, 원태는 개를 키우지 않는다.
② 노란 지붕 집에 사는 사람은 원숭이를 키우지 않는다.
③ 원태는 고양이를 키운다.
④ 수덕은 개를 키우지 않는다.
⑤ 원태는 농부다.

13 다음과 같이 화살표 방향으로 종이를 접었을 때의 뒷면의 모양에 해당하는 것을 고르시오.

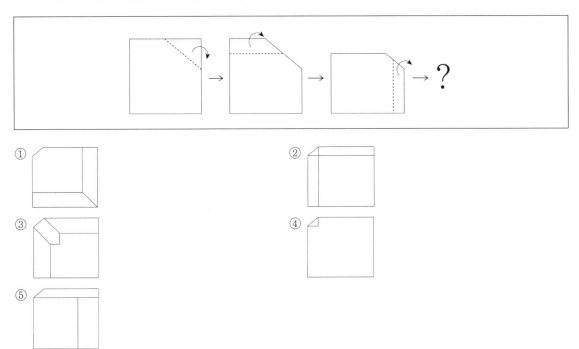

14 다음과 같이 화살표 방향으로 종이를 접어 펀칭한 뒤 펼친 모양에 해당하는 것을 고르시오.

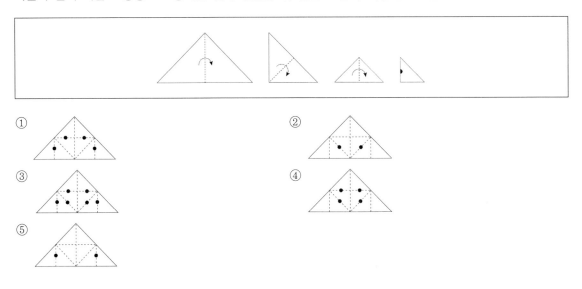

15 다음 각 기호가 일정한 규칙에 따라 문자들을 변환시킬 때, 문제의 "?'에 들어갈 알맞은 것을 고르시오.

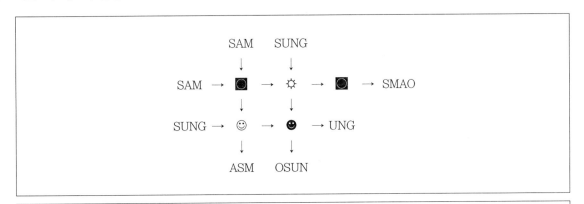

KIMM → ☺ → ☺ → ( )

① IMMK
② MMKI
③ MMIK
④ KMMI
⑤ IMKM

16 A에서 출발하여 D에 도착할 때 B는 거치지만 C는 거치지 않는 경우의 수는? (단, 최단거리로 이동한다)

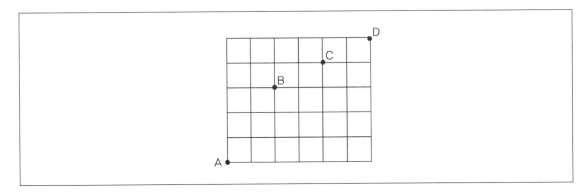

① 50
② 60
③ 70
④ 80
⑤ 90

17 다음 글의 주장으로 가장 적절한 것은?

> 예술 작품의 복제 기술이 좋아지고 있음에도 불구하고 원본을 보러 가는 이유는 무엇인가? 예술 작품의 특성상 원본 고유의 예술적 속성을 복제본에서는 느낄 수 없다고 생각하는 경향이 강하기 때문이다. 사진은 원본인지 복제본인지 중요하지 않지만, 회화는 붓 자국 하나하나가 중요하기 때문에 복제본이 원본을 대체할 수 없다고 생각하는 사람들이 많다.
> 그러나 이러한 생각은 잘못이다. 회화와 달리 사진의 경우, 보통은 '그 작품'이라고 지칭되는 사례들이 여러 개 있을 수 있다. 20세기 위대한 사진작가 빌 브란트가 마음만 먹었다면, 런던에 전시한 인화본의 조도를 더 낮추는 방식으로 다른 곳에 전시한 것과 다른 예술적 속성을 갖게 할 수 있었을 것이다. 이것은 사진의 경우, 작가가 재현적 특질을 선택하고 변형할 수 있는 방법이 다양함을 의미한다.

① 복제본의 예술적 가치는 원본을 뛰어넘을 수 없다.
② 복제 기술 덕분에 예술의 매체적 특성이 비슷해졌다.
③ 복제본의 재현적 특질을 변형하는 방법은 제한적이다.
④ 원본 고유의 예술적 속상을 복제본에 담기에는 어려움이 있다.
⑤ 복제본도 원본과는 다른 별개의 예술적 특성을 담보할 수 있다.

18 다음 제시된 그림과 같이 쌓기 위해 필요한 블록의 수를 구하시오.

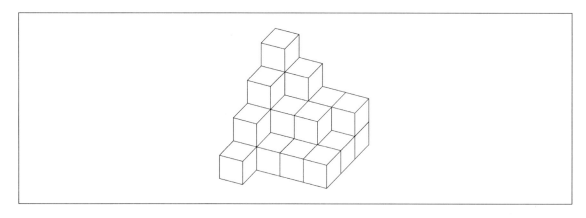

① 23   ② 24
③ 25   ④ 26
⑤ 27

19 식염수 600g에 400g의 물을 넣었더니 3%의 식염수가 되었다. 원래 식염수의 농도를 구하면 얼마인가?

① 4%

② 4.5%

③ 5%

④ 5.5%

⑤ 6%

20 세 사람의 나이를 모두 곱하면 2450이고 모두 더하면 46이다. 최고령자의 나이는?

① 21

② 25

③ 28

④ 31

⑤ 34

21 다음 글에서 언급한 스마트 팩토리의 특징으로 옳지 않은 것은?

> 최근 스포츠 브랜드인 아디다스에서 소비자가 원하는 디자인, 깔창, 굽 모양 등의 옵션을 적용하여 다품종 소량생산 할 수 있는 스피드 팩토리를 선보였고, 그밖에도 제조업을 비롯해 다양한 산업에서 스마트 팩토리를 도입하면서 미래형 제조 시스템인 스마트 팩토리에 대한 관심이 커지고 있다. 과연 스마트 팩토리 무엇이며 어떤 기술로 구현되고 이점은 무엇일까?
>
> 스마트 팩토리란 ICT기술을 기반으로 제품의 기획, 설계, 생산, 유통, 판매의 전 과정을 자동화, 지능화하여 최소 비용과 최소 시간으로 다품종 대량생산이 가능한 미래형 공장을 의미한다. 스마트 팩토리가 구현되기 위해서는 다양한 기술이 적용되는데, 먼저 클라우드 기술은 인터넷에 연결되어 축적된 데이터를 저장하고 IoT 기술은 각종 사물에 컴퓨터 칩과 통신 기능을 내장해 인터넷에 연결한다. 또한 데이터를 분석하는 빅데이터 기술, AI를 기반으로 스스로 학습하고 의사결정을 할 수 있는 차세대 로봇기술과 기계가 자가 학습하는 인공지능 기술을 비롯해 수많은 첨단 기술을 필요로 한다.
>
> 스마트 팩토리의 핵심 구현 요소는 디지털화, 연결화, 스마트화이다. 디지털화는 공장 내 사물들 간에 소통이 가능하도록 물리적 아날로그 신호를 디지털 신호로 변환하는 것으로 디지털화를 하면 무한대로 데이터를 복사할 수 있어 데이터 편집이 쉬워지고 데이터 통신이 자유롭게 이루어진다. 연결화는 사람을 포함한 모든 사물, 즉 공장 안에 존재하는 부품, 완제품, 설비, 공장, 건물, 기기를 연결하는 것으로, 인터넷이나 유무선 통신으로 설비를 연결해 생산 현황과 이상 유무를 관리한다. 작업자가 제조 라인에 서면 공정은 작업자의 역량, 경험 같은 것을 참고하여 합당한 공정을 수행하도록 지도해 주는 것이 연결화의 예라고 할 수 있다. 스마트화는 사물이 사람과 같이 스스로 판단하고 행동하는 것을 말하는 것으로 지능화, 자율화와 같은 의미이다. 수집된 데이터를 분석하여 스스로 판단하는 스마트화는 스마트 팩토리의 필수 전제조건이다.

① 스마트 팩토리는 최소 비용과 최소 시간으로 다품종 대량생산을 추구한다.

② 스마트 팩토리가 구현되기 위해서는 클라우드 기술, IoT기술, 인공지능 기술 등이 요구된다.

③ 디지털화는 공장 내 사물들 간에 소통이 가능하도록 디지털 신호를 물리적 아날로그 신호로 변환하는 것이다.

④ 스마트화는 사물이 사람과 같이 스스로 판단하고 행동하는 것으로 스마트 팩토리의 필수 전제조건이다.

⑤ 스마트화는 스마트 팩토리의 필수 전제조건이다.

22 다음과 같은 내용에서 도출할 수 있는 것으로 옳은 것은?

> • 태희는 동건의 손녀이다.
> • 창정은 태희의 아버지다.
> • 미숙은 우성의 딸이다.
> • 동건은 우성의 외삼촌이다.

① 창정과 우성은 이종사촌이다.
② 태희와 미숙은 자매간이다.
③ 우성은 태희의 외삼촌이다.
④ 동건과 우성은 사촌이다.
⑤ 답이 없다.

23 다음 진술이 참이 되기 위해서 꼭 필요한 전제를 보기에서 모두 고르시오.

> 발명가는 창의적인 사람이다.

〈보기〉

> ㉠ 발명가는 호기심이 많다.
> ㉡ 발명가는 독서를 좋아한다.
> ㉢ 발명가는 불가능에 도전한다.
> ㉣ 호기심이 많은 사람은 창의적인 사람이다.
> ㉤ 독서를 좋아하는 사람은 지적인 사람이다.
> ㉥ 도전하는 사람은 열정적인 사람이다.

① ㉠㉣   ② ㉠㉤
③ ㉡㉣   ④ ㉡㉤
⑤ ㉢㉣

24 다음은 일정한 규칙에 따라 배열한 수열이다. 빈칸에 들어갈 알맞은 수를 구하시오.

| 549 567 585 603 612 621 ( ) |

① 638 ② 636

③ 634 ④ 632

⑤ 630

25 다음 〈표〉는 지역별 건축 및 대체에너지 설비투자 현황에 관한 자료이다. 다음 중 건축 건수 1건당 건축 공사비가 가장 많은 곳은?

〈표〉 지역별 건축 및 대체에너지 설비투자 현황

(단위 : 건, 억 원, %)

지역	건축건수	건축공사비	대체에너지 설비투자액			
			태양열	태양광	지열	합
가	12	8,409	27	140	336	503
나	14	12,851	23	265	390	678
다	15	10,127	15	300	210	525
라	17	11,000	20	300	280	600
마	21	20,100	30	600	450	1,080

* 건축공사비 내에 대체에너지 설비투자액은 포함되지 않음

① 가 ② 나

③ 다 ④ 라

⑤ 마

26 다음 제시된 기호의 규칙을 찾아 빈칸에 들어갈 알맞은 숫자를 구하시오.

$$3\$5 = 4 \quad 5\$6 = 19 \quad 6\$11 = 25 \quad 4\$5 = (\quad)$$

① 10

② 11

③ 12

④ 13

⑤ 14

27 지호는 600m 트랙을 10바퀴 도는 운동을 하는데, 처음에는 4km/h로 돌고, 두 바퀴를 돌 때마다 2km/h 씩 속력을 높여 돈다. 6바퀴를 돈 후 10분 동안 휴식했다면 지호가 운동한 시간은 얼마인가?

① 52분 12초

② 1시간 2분 2초

③ 1시간 2분 12초

④ 1시간 12분 2초

⑤ 1시간 22분 12초

28 다음의 개요를 고려하여 글을 쓸 때, '본론'에 들어갈 내용으로 적절하지 않은 것은?

문제제기 : 도로를 증설하지 않고 교통 체증을 완화할 수는 없을까?

서론 : 도로망의 확충을 통한 교통 체증 해소의 한계

본론 : 1. 교통 체증으로 인한 문제

      (1) 에너지의 낭비

      (2) 환경오염

      (3) 교통 법규 위반 및 교통사고의 유발

    2. 교통 체증의 원인

      (1) 교통량의 증가

      (2) 교통 신호 체계의 미흡

      (3) 운전자의 잘못된 의식

    3. 교통 체증의 완화 방안

      (1) 제도 보완을 통한 교통량의 감소 유도

      (2) 교통 신호 체계의 개선

      (3) 운전자의 의식 계도

결론 : 다각적 측면에서 교통 체증 완화를 위한 노력의 필요성 강조

---

① 낡은 도로를 정비하고 이면 도로의 활용도를 높이면 교통 흐름이 원활해진다.

② 운행 일수가 적거나 카풀을 시행하는 차량에 대해서 세금과 보험료를 감면해 주어야 한다.

③ 교통 체증이 발생하면 자동차의 주행 속도가 떨어지고 그 결과 연비가 낮아져 자동차 연료의 소모량이 증가한다.

④ 정체된 교차로에서 자신만 빨리 가겠다는 운전자의 심리로 '꼬리물기' 현상이 나타나는데 이 때문에 교통 체증이 더욱 심해진다.

⑤ 직진과 좌회전 신호로 이루어진 현행 신호 체계를 직진 위주로 바꾸면 정체 구간에서 자동차 주행 속도가 빨라지는 효과가 나타난다.

29 내용 전개상 단락 배열이 가장 적절한 것은?

㉠ 앞서 조선은 태종 때 이미 군선이 속력이 느릴 뿐만 아니라 구조도 견실하지 못하다는 것이 거론되어 그 해결책으로 쾌선을 써보려 하였고 귀화왜인으로 하여금 일본식 배를 만들게 하여 시험해 보기도 하였다. 또한 귀선 같은 특수군선의 활용방안도 모색하였다.

㉡ 갑조선은 조선 초기 새로운 조선법에 따라 만든 배를 말하는데 1430년(세종 12) 무렵 당시 중국·유구·일본 등 주변 여러 나라의 배들은 모두 쇠못을 써서 시일을 두고 건조시켜 견고하고 경쾌하며 오랫동안 물에 떠 있어도 물이 새지 않았고 큰 바람을 만나도 손상됨이 없이 오래도록 쓸 수 있었지만 우리나라의 군선은 그렇지 못하였다.

㉢ 그리고 세종 때에는 거도선을 활용하게 하는 한편 「병선수호법」을 만드는 등 군선의 구조개선이 여러 방면으로 모색되다가 드디어 1434년에 중국식 갑조선을 채택하기에 이른 것이다. 이 채택에 앞서 조선을 관장하는 경강사수색에서는 갑조선 건조법에 따른 시험선을 건조하였다.

㉣ 하지만 이렇게 채택된 갑조선 건조법도 문종 때에는 그것이 우리나라 실정에 적합하지 않다는 점이 거론되어 우리나라의 전통적인 단조선으로 복귀하게 되었고 이로 인해 조선시대의 배는 평저선구조로 일관하여 첨저형선박은 발달하지 못하게 되었다.

㉤ 이에 중국식 조선법을 본떠 배를 시조해 본 결과 그것이 좋다는 것이 판명되어 1434년부터 한때 쇠못을 쓰고 외판을 이중으로 하는 중국식 조선법을 채택하기로 하였는데 이를 갑선·갑조선 또는 복조선이라 하고 재래의 전통적인 우리나라 조선법에 따라 만든 배를 단조선이라 했다.

---

① ㉠ – ㉡ – ㉢ – ㉣ – ㉤

② ㉡ – ㉤ – ㉠ – ㉢ – ㉣

③ ㉠ – ㉣ – ㉢ – ㉡ – ㉤

④ ㉡ – ㉢ – ㉠ – ㉤ – ㉣

⑤ ㉡ – ㉤ – ㉢ – ㉠ – ㉣

30 다음 글에 대한 이해로 적절하지 않은 것은?

> 한국 건축은 '사이'의 개념을 중요시한다. 그리고 '사이'의 크기는 기능과 사회적 위계에 영향을 받는다. 또한 공간, 시간, 인간 모두를 '사이'의 한 동류로 보기도 한다. 서양의 과학적 사고가 물체를 부분들로 구성되었다고 보고 불변하는 요소들을 분석함으로써 본질 파악을 추구하였다면, 동양은 사이 즉, 요소들 간의 관련성에 초점을 두고, 거기에서 가치와 의미의 원천을 찾았던 것이다. 서양의 건축이 내적 구성, 폐쇄적 조직을 강조한 객체의 형태를 추구했다면, 동양의 건축은 그보다 객체의 형태와 그것이 놓이는 상황 및 자연환경과의 어울림을 통해 미를 추구하였던 것이다.
>
> 동양의 목재 가구법(낱낱의 재료를 조립하여 구조물을 만드는 법)에 의한 건축 구성 양식에서 '사이'의 중요성을 알 수 있다. 이 양식은 조적식(돌벽돌 따위를 쌓아 올리는 건축 방식)보다 환경에 개방적이고, 우기에도 환기를 좋게 할 뿐 아니라 내·외부 공간의 차단을 거부하고 자연과의 대화를 늘 강조한다. 그로 인해 건축이 무대나 액자를 설정하고 자연이 끝을 내 주는 기분을 느끼게 한다.

① 동양과 서양 건축의 차이를 요소들 간의 관련성으로 설명하고 있다.
② 동양의 건축 재료로 석재보다 목재가 많이 쓰인 이유를 알 수 있다.
③ 한국 건축에서 '사이'의 개념은 공간, 시간, 인간 모두를 포함하고 있다.
④ 동양의 건축 양식에서 '사이'가 지닌 장점을 나열하고 있다.
⑤ 동양의 건축은 자연환경에 개방적이지만 인공 조형물에 대해서는 폐쇄적이다.

31 다음 제시된 세 개의 단면을 참고하여 이에 해당하는 입체도형을 고르시오.

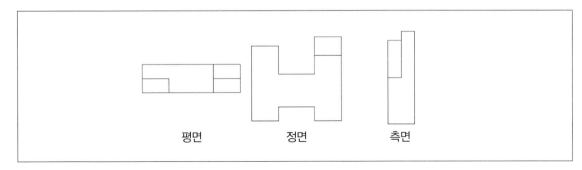

평면   정면   측면

①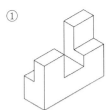

②

③

④

⑤

32 다음에 제시된 숫자의 배열을 보고 규칙을 적용하여 "?"에 들어갈 숫자를 적으시오.

3	
1	5

4	
5	10

7	
6	?

① 12
③ 14
⑤ 16

② 13
④ 15

33 다음 제시된 도형에 포함되지 않는 조각을 고르시오.

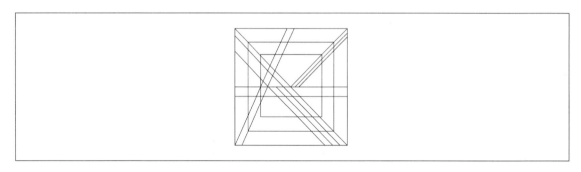

①
②

③
④

⑤

34 보기의 조각을 한 번씩만 사용하여 정사각형을 만들려고 한다. 다음 중 필요 없는 조각 하나를 구하시오.

①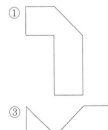

②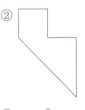

③

④

⑤

35 어느 공장에서 작년에 x제품과 y제품을 합하여 1,000개를 생산하였다. 올해는 작년에 비하여 x의 생산이 10% 증가하고, y의 생산은 10% 감소하여 전체로는 4% 증가하였다. 올해에 생산된 x제품의 수는?

① 550

② 600

③ 660

④ 770

⑤ 880

36 다음 글에 대한 이해로 가장 적절하지 않은 것은?

> 언젠가부터 사람들은 어느 집단에서 얼굴이 가장 예쁜 사람을 가리켜 '얼짱'이라고 부르고 있다. 그런데 이 '얼짱'은 유행어처럼 보인다. 생긴 지도 그리 오래되지 않았고, 언제 사라질지도 알 수 없다. 게다가 젊은이들 사이에서 주로 쓰일 뿐이다. 그러나 속단은 금물이다. 차근차근 따져 볼 일이다.
>
> 우선 '얼짱'이 일시적 유행어인지 아닌지 주의 깊게 들여다 볼 필요가 있다. '얼짱'은 인터넷을 통해 급속히 퍼진 말이긴 하다. 하지만 보통의 유행어처럼 단기간 내에 사라지지 않았을 뿐 아니라 현재까지도 잦은 빈도로 사용되고 있고 앞으로도 상당 기간 사용될 것으로 예측된다. 한 뉴스 검색 사이트에 따르면 '얼짱'은 2001년에 처음 나타난 이후 2003년 302건, 2004년 1,865건, 2005년 930건의 사용 빈도를 보이고 있다. 이와 같은 사용 빈도는 '얼짱'이 일시적 유행어와는 현저히 다름을 보여 준다.
>
> '얼짱'은 젊은이들이나 쓰는 속어인 데다가 조어 방식에도 문제가 있다고 흠을 잡을지도 모르겠다. '얼짱'이 주로 젊은 층에서 쓰는 속어임에는 틀림없다. 그러나 국어사전에 표준적이고 품위 있는 말만 실어야 한다고 생각한다면 그것은 커다란 오해다. 국어사전에는 속어는 물론, 욕설과 같은 비어나 범죄자들이 쓰는 은어까지도 올라와 있다. 사전은 일정 빈도 이상 나타나는 말이라면 무슨 말이든 다 수용할 수 있다.
>
> 다만 '얼짱'의 조어 방식에 문제가 있다는 지적은 음미해 볼 만하다. 이것은 '축구 협회'가 '축협'이 될 수 있는 것과 확연히 대비된다. 한자어는 음절 하나하나가 모두 형태소의 지위를 가지므로 '축구'와 '협회'에서 '축'과 '협'을 각각 떼어 내도 핵심 의미가 훼손되지 않지만, 고유어 '얼굴'은 더 쪼갤 수 없는 하나의 형태소이어서 '얼'만으로는 아무 의미를 가질 수 없다. 따라서 '얼짱'은 전통적 조어 규칙에서 벗어난 말이라 할 수 있다. 이런 일탈 현상은 원칙적으로 바람직하지 않다.
>
> 그럼에도 '얼짱'이 언어 현실로 자리 잡은 엄연한 사실을 무시해 버릴 수는 없다. 이를 무시하고 조어 규칙 위반을 이유로 '얼짱'을 사전에서 내몬다면, 한 시대를 풍미한 중요 단어를 한국어 어휘에서 지우는 우(愚)를 범하게 될 것이다. 사전에 이 말을 잘 갈무리해 두면 먼 훗날 우리 후손들은 '얼짱'이라는 말 속에서 그 표면적 의미 외에도 한국 사회에 만연했던 외모 지상주의도 함께 읽어 낼 터이다.

① '얼짱'은 젊은이들 사이에서 주로 쓰인다.

② '얼짱'은 인터넷을 통해 급속히 퍼진 말이다.

③ '얼짱'은 표준적이고 품위 있는 말이다.

④ '얼짱'은 국어의 전통적 조어 규칙에 어긋난다.

⑤ '얼짱'은 당대의 사회 현실을 반영하고 있다.

37 6권의 책을 책장에 크기가 큰 것부터 차례대로 책을 배열하려고 한다. 책의 크기가 동일할 때 알파벳 순서대로 책을 넣는다면 다음 조건에 맞는 진술은 어느 것인가?

- Demian은 책장의 책들 중 두 번째로 큰 하드커버 북이다.
- One Piece와 Death Note의 책 크기는 같다.
- Bleach는 가장 작은 포켓북이다.
- Death Note는 Slam Dunk보다 작다.
- The Moon and Sixpence는 One Piece보다 크다.

① Demian은 Bleach 다음 순서에 온다.
② 책의 크기는 Slam Dunk가 The Moon and Sixpence 보다 크다.
③ One Piece는 Bleach의 바로 앞에 온다.
④ Slam Dunk 다음 순서로 Demian이 온다.
⑤ 가장 큰 책은 The Moon and Sixpence이다.

38 다음 기사에 나타난 통계를 통해 추론할 수 없는 것은?

일본에서 나이가 들어서도 부모 곁을 떠나지 않고 붙어사는 '캥거루족'이 증가하고 있는 것으로 나타났다. 일본 국립 사회보장인구문제연구소가 2004년 전국 1만 711가구를 대상으로 조사해 21일 발표한 가구 동태 조사를 보면, 가구당 인구수는 평균 2.8명으로 최저치를 기록했다. 2인 가구는 28.7%로 5년 전 조사 때보다 조금 증가한 반면, 4인 가구는 18.1%로 조금 줄었다.

부모와 함께 사는 자녀의 비율은 크게 증가했다. 30~34살 남성의 45.4%가 부모와 동거하는 것으로 나타났다. 같은 연령층 여성의 부모 동거 비율은 33.1%였다. 5년 전에 비해 남성은 6.4%, 여성은 10.2% 증가한 수치다. 25~29살 남성의 부모 동거 비율은 64%, 여성은 56.1%로 조사됐다. 부모를 모시고 사는 기혼자들도 있지만, 상당수는 독신으로 부모로부터 주거와 가사 지원을 받는 캥거루족으로 추정된다.

① 25~34살의 남성 중 대략 반 정도가 부모와 동거한다.
② 현대사회에서 남녀를 막론하고 만혼 현상이 널리 퍼져 있다.
③ 30~34살의 경우 부모 동거비율은 5년 전에도 여성이 남성보다 높지 않았다.
④ '캥거루족'이 늘어난 것은 젊은이들이 직장을 구하기가 점점 어려워지고 있기 때문이다.
⑤ 같은 연령층에서 부모와 함께 사는 비율은 여성이 남성보다 낮다.

39 전체 50명의 학생 중 영어 성적과 중국어 성적이 둘 다 90점 이상인 학생이 7명, 둘 다 90점 미만인 학생이 14명, 영어성적만 90점 이상인 학생이 중국어 성적만 90점 이상인 학생보다 5명 많을 때 중국어 성적이 90점 이상인 학생 수는?

① 17명   ② 18명

③ 19명   ④ 20명

⑤ 21명

40 다음 제시된 〈보기〉의 블록이 도형 A, B, C를 조합하여 만들어질 때, 도형 C에 해당하는 것을 고르시오.

〈보기〉	도형 A	도형 B	도형 C

①

②

③

④

⑤

41 다음 제시된 입체 중에서 나머지와 모양이 다른 하나를 고르시오.

①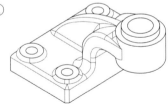

②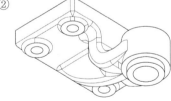

③

④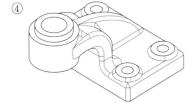

⑤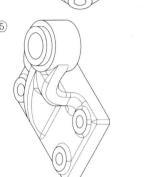

42 어떤 일을 정수가 혼자하면 6일, 선희가 혼자하면 12일 걸린다. 정수와 선희가 함께 동시에 일을 시작했지만 정수가 중간에 쉬어서 일을 끝마치는 데 8일이 걸렸다고 한다. 이때 정수가 쉬었던 기간은?

① 2일 　　　　　　　　　　② 3일

③ 4일 　　　　　　　　　　④ 5일

⑤ 6일

43 다음 글에서 답을 확인하기 어려운 질문은?

> 전 지구적인 해수의 연직 순환은 해수의 밀도 차이에 의해 발생한다. 바닷물은 온도가 낮고 염분 농도가 높아질수록 밀도가 높아져 아래로 가라앉는다. 이 때문에 북대서양의 차갑고 염분 농도가 높은 바닷물은 심층수를 이루며 적도로 천천히 이동한다.
>
> 그런데 지구 온난화로 인해 북반구의 고위도 지역의 강수량이 증가하고 극지방의 빙하가 녹은 물이 대량으로 바다에 유입되면 어떻게 될까? 북대서양의 염분 농도가 감소하여 바닷물이 가라앉지 못하는 일이 벌어질 수 있다. 과학자들은 컴퓨터 시뮬레이션을 통해 차가운 북대서양 바닷물에 빙하가 녹은 물이 초당 십만 톤 이상 들어오면 전 지구적인 해수의 연직 순환이 느려져 지구의 기후가 변화한다는 사실을 알아냈다.
>
> 더 나아가 과학자들은 유공충 화석을 통해서 이러한 시뮬레이션 결과를 입증하는 실제 증거를 찾을 수 있었다. 바다 퇴적물에는 유공충 화석이 들어 있는데, 이 화석의 껍질에는 유공충이 살았던 당시 바닷물의 상태를 보여 주는 물질이 포함되어 있다. 이를 분석해 보면 과거에 북대서양의 바닷물이 얼마나 깊이 가라앉았는지, 얼마나 멀리 퍼져 나갔는지를 알 수 있다. 이로써 과학자들은 그동안 전 지구적인 해수의 연직 순환이 느려지거나 빨라지는 일이 여러 차례 일어났다는 것을 알아냈다. 또 신드리아스 기(약 13,000년 전에 있었던 혹한기)의 원인이 전 지구적인 해수의 연직 순환 이상이었음을 알아냈다.
>
> 우려할 만한 일은 최근 수십 년 동안 지구 온난화로 인해 북대서양 극지방 바닷물의 염분 농도가 낮아지고 있다는 것이다. 특히 지난 10년 동안 염분 농도가 많이 낮아졌다고 한다.

① 지구 온난화가 발생하는 원인은?
② 유공충의 화석을 탐구한 이유는?
③ 신드리아스 기가 생기게 된 원인은?
④ 바닷물의 밀도에 영향을 주는 것은?
⑤ 북대서양 극지방 바닷물의 염분 농도의 추이는?

44 A마켓에서 원가 15,000원 짜리 제품을 15% 이익이 남도록 정가를 정해 판매했다. 100개중 80개를 판매하고 판매 부진으로 남은 20개는 정가에서 10%를 할인하여 모두 판매하였다. 순이익은 얼마인가?

① 150,000원
② 190,500원
③ 225,000원
④ 252,500원
⑤ 285,000원

45 다음 제시된 그림과 같이 쌓기 위해 필요한 블록의 수를 구하시오.

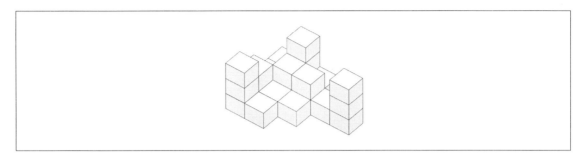

① 20개   ② 21개

③ 22개   ④ 23개

⑤ 24개

46 다음 글에 대한 이해로 가장 적절한 것은?

　　민주주의 정치제도를 실시하다 보면, 때로는 선하고 훌륭한 인물이 권력을 잡기도 하고 때로는 위선적이고 사악한 인물이 권력을 잡기도 한다. 그러나 민주주의 정치제도는 주권재민 사상과 법치주의에 토대를 두고 있기에 이를 잘 가꾸기만 한다면, 위선적이고 사악한 인물과 정치 세력을 국민이 언제든 합법적으로 징계하거나 해고할 수 있다. 중요한 것은 민주주의가 인간이 발명한 정치제도 중 가장 부작용이 적은 정치제도라는 점, 그리고 이 점을 알고 주권자로서 참여하여 그것을 발전시켜 나가는 일이다.

　　그러나 러셀이 지적한 바와 같이 국가의 힘은 때로 헌법과 법률의 제한을 넘어서기도 한다. 민주주의 사회에서조차 국가는 때로 시민의 자유와 권리를 부당하게 억압하고 이를 은폐하기도 한다. 아무리 철저하게 권력을 분산하고 강력한 견제 장치를 만들어 놓아도 제도를 운영하는 것은 결국 사람이기 때문이다. 사람이 만든 어떤 것도 천의무봉(天衣無縫)의 경지에 이르지는 못하기에 주권자의 정치 참여는 필수적이다.

① 민주주의는 주권재민과 법치주의를 바탕으로 하기 때문에 국민은 정치 참여를 통해 제도적 모순을 해결할 수 있다.

② 민주주의 사회에서도 때로는 독재가 가능하기 때문에 이를 방지하기 위해서는 공권력이 국민을 감시해야 한다.

③ 민주주의는 철저한 권력 분산과 강력한 견제 장치의 마련을 통해 부패를 원천적으로 방지할 수 있다.

④ 민주주의는 부작용이 가장 적은 정치제도이기 때문에 국가가 국민을 기만하는 일은 발생하지 않는다.

⑤ 민주주의는 사악하거나 위선적인 인물은 권력을 획득할 수 없는 사회 구조이다.

47 다음 도형들의 일정한 규칙을 찾아 "?" 표시된 부분에 들어갈 도형을 고르시오.

①

②

③

④

⑤

48 다음 두 그림을 비교하였을 때, 다른 부분은 몇 개인가?

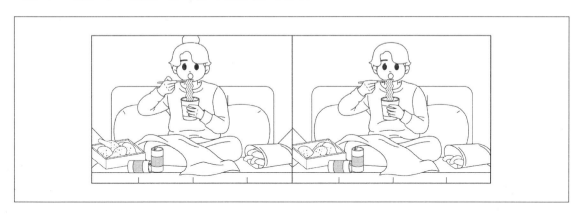

① 6

② 7

③ 8

④ 9

⑤ 10

1 다음 글에 대한 이해로 적절하지 않은 것은?

> 자본주의 시스템하에서 성공의 판타지는 어려운 현실을 극복하고 모든 것을 거머쥐는 소수의 영웅들을 전면에 내세움으로써 그 이면에 있는 다수의 실패자들을 은폐하는 역할을 한다. 예를 들어, 공개 오디션 프로그램에서는 본선에 오른 십여 명의 성공을 화려하게 비추는 대신, 본선에 오르지 못한 나머지 수백만 명의 실패에 대해서는 주목하지 않는다. 합리적으로 이해하기 힘든 이 방정식은 '너희도 열심히 노력하면 이 사람들처럼 될 수 있다'는 자본주의의 정언명령 앞에서 이상한 것으로 인식되지 않는다. 이 때문에 자본주의는 지극히 공정하고 정당한 방식으로 운영되고 있으며, 오직 부족한 것은 개인의 능력과 노력인 것처럼 보인다. 슬라보예 지젝이 "왜 오늘날 그 많은 문제들이 불평등, 착취 또는 부당함의 문제가 아닌 불관용의 문제로 여겨지는가?"라고 말했듯, 이 성공의 판타지는 가장 순수한 의미에서 이데올로기적인 기능을 수행한다. 사회적 불평등과 부당함이 관용과 불관용이라는 문화적 차원으로 환원돼 버리는 현상과 마찬가지로 자본주의 체제가 만들어 내는 여러 가지 사회적 문제들은 '그럼에도 불구하고 승리한' 영웅의 존재 때문에 능력과 노력이라는 지극히 개인적 차원으로 환원된다.

① 자본주의 사회에서 경쟁은 합리적이고 공정한 방식으로 이루어진다.
② 공개 오디션 프로그램은 탈락한 대다수의 실패자들을 주목하지 않는다.
③ 자본주의 사회는 열심히 노력하면 누구나 성공할 수 있다는 판타지를 제시한다.
④ 자본주의 정언명령 앞에서 오디션에서 떨어진 사람은 그 개인의 능력과 노력이 부족한 것으로 비춰진다.
⑤ 자본주의 체제하의 사회적 문제들은 성공한 소수의 존재로 인해 개인적 차원으로 치부될 가능성이 있다.

풀이종료시간 : [   ] – [   ]
풀이소요시간 : [   ]분 [   ]초

2   다음 진술이 참이 되기 위해서 꼭 필요한 전제를 보기에서 모두 고르시오.

가이드는 신뢰할 수 있는 사람이다.

〈보기〉

ㄱ 가이드는 많은 정보를 알고 있다.
ㄴ 가이드는 관광객들을 이끈다.
ㄷ 가이드는 누구에게나 친절하다.
ㄹ 고민이 많은 사람은 성공과 실패를 할 수 있는 사람이다.
ㅁ 많은 정보를 알고 있는 사람은 신뢰할 수 있는 사람이다.
ㅂ 독서를 많이 하는 사람은 다양한 어휘를 사용할 수 있는 사람이다.

① ㄱㄹ   ② ㄱㅁ
③ ㄴㄹ   ④ ㄴㅁ
⑤ ㄷㄹ

3 다음 조건을 읽고 보기 중 옳은 설명을 고르시오.

- A군이 제일 처음 여행할 나라는 영국이다.
- A군이 프랑스에 간다면 영국에는 가지 않는다.
- A군은 프랑스에 가거나 독일에 간다.
- A군이 스위스에 가지 않는다면 독일에도 가지 않는다.
- A군은 독일에 가고 이탈리아에 간다.

A : A군은 프랑스를 여행하게 된다.
B : A군은 독일을 여행하게 된다.

---

① A만 옳다.　　　　　　　　　　② B만 옳다.
③ A와 B 모두 옳다.　　　　　　　④ A와 B 모두 그르다.
⑤ A와 B 모두 옳은지 그른지 알 수 없다.

4 다음 글의 중심 내용으로 가장 적절한 것은?

　한 번에 두 가지 이상의 일을 할 때 당신은 마음에게 흩어지라고 지시하는 것입니다. 그것은 모든 분야에서 좋은 성과를 내는 데 필수적인 요소가 되는 집중과는 정반대입니다. 당신은 자신의 마음이 분열되는 상황에 처하도록 하는 경우도 많습니다. 마음이 흔들리도록, 과거나 미래에 사로잡히도록, 문제들을 안고 낑낑거리도록, 강박이나 충동에 따라 행동하는 때가 그런 경우입니다. 예를 들어, 읽으면서 동시에 먹을 때 마음의 일부는 읽는 데 가 있고, 일부는 먹는 데 가 있습니다. 이런 때는 어느 활동에서도 최상의 것을 얻지 못합니다. 다음과 같은 부처의 가르침을 명심하세요. '걷고 있을 때는 걸어라. 앉아 있을 때는 앉아 있어라. 갈팡질팡하지 마라.' 당신이 하는 모든 일은 당신의 온전한 주의를 받을 가치가 있는 것이어야 합니다. 단지 부분적인 주의를 받을 가치밖에 없다고 생각하면, 그것이 진정으로 할 가치가 있는지 자문하세요. 어떤 활동이 사소해 보이더라도, 당신은 마음을 훈련하고 있다는 사실을 명심하세요.

---

① 일을 시작하기 전에 먼저 사소한 일과 중요한 일을 구분하는 습관을 기르라.
② 한 번에 두 가지 이상의 일을 성공적으로 수행할 수 있도록 훈련하라.
③ 자신이 하는 일에 전적으로 주의를 집중하라.
④ 과거나 미래가 주는 교훈에 귀를 기울이라.
⑤ 할 수 있는 일과 해야만 하는 일을 구분하라.

5 다음은 갑국에서 실시한 취약 계층의 스마트폰 이용 현황과 주된 비(非)이용 이유에 대한 설문 조사 결과이다. 이에 대한 옳은 분석을 〈보기〉에서 고른 것은?

(단위 : %)

구분	전체 국민 대비 수준*	스마트폰을 이용하지 않는 주된 이유				
		스마트폰으로 무엇을 할 수 있는지 모름	구입비 및 이용비 부담	이용 필요성 부재	사용 방법의 어려움	기타
장애인	10.3	33.1	31.5	14.4	13.4	7.6
장노년층	6.4	40.1	26.3	16.5	12.4	4.7
저소득층	12.2	28.7	47.6	11.0	9.3	3.4
농어민	6.4	39.6	26.3	14.7	13.9	5.5

* 전체국민대비수준 = $\dfrac{\text{취약 계층의 스마트폰 이용률}}{\text{전체 국민의 스마트폰 이용률}} \times 100$

〈보기〉

㉠ 응답자 중 장노년층과 농어민의 스마트폰 이용자 수는 동일하다.
㉡ 응답자 중 각 취약 계층별 스마트폰 이용률이 상대적으로 가장 높은 취약 계층은 저소득층이다.
㉢ 전체 취약 계층의 스마트폰 이용 활성화를 위한 대책으로는 경제적 지원이 가장 효과적일 것이다.
㉣ 스마트폰을 이용하지 않는다고 응답한 장노년층 중 스마트폰으로 무엇을 할 수 있는지 모르거나 사용 방법이 어려워서 이용하지 않는다고 응답한 사람의 합은 과반수이다.

① ㉠, ㉡
② ㉠, ㉢
③ ㉡, ㉢
④ ㉡, ㉣
⑤ ㉢, ㉣

6 어떤 모임에서 참가자에게 귤을 나누어 주는데 1명에게 5개씩 나누어 주면 3개가 남고, 6개씩 나누어주면 1명만 4개보다 적게 받게 된다. 참가자는 최소한 몇 명인가?

① 2인
② 6인
③ 7인
④ 8인
⑤ 10인

7 다음 도형을 위에서 내려다보았을 때의 형태를 고르시오.

①

②

③

④

⑤

8 보기의 조각을 한 번씩만 사용하여 정사각형을 만들려고 한다. 다음 중 필요 없는 조각 하나를 고르시오.

①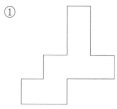

②

③

④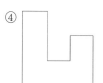

⑤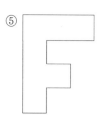

9 다음의 주어진 주제에 따라 글쓰기 계획을 세웠다고 할 때, 세부 내용으로 적절하지 않은 것은?

> • 주제 : 혼혈인에 대한 새로운 시각 정립
> • 주제문 : 국제화 시대를 맞이하여 우리 모두가 혼혈인에 대한 차별적인 시각을 버려야 한다.

순서	세부 내용
문제 인식	• 혼혈인의 수가 증가하고 있음에도 우리나라 사람들 중 다수가 아직도 편견을 가지고 혼혈인을 바라보고 있다. ·· ①
예상 독자 설정	• 일반 시민을 비롯하여 학생 및 학부모들을 예상 독자로 설정한다. ······················· ②
전개 방향 결정	• 문제 인식과 관련된 실태를 제시하고 이러한 문제의 원인을 분석한 뒤, 그에 따른 해결 방안을 모색하는 순서로 전개한다. ·· ③
문제 원인 분석	• 설문 조사 결과 우리나라 사람들은 단일 민족 국가라는 의식이 강하게 드러나고 있음을 밝힌다. • 혈연 및 지연을 중시하는 의식 구조가 다른 나라보다 강하다는 점을 통계 조사 자료를 인용하여 제시한다. ·· ④
해결 방안 제시	• 국제화 시대에 걸맞은 열린 의식을 강조하고, 혼혈인의 민족의식을 고취시키기 위한 교육 프로그램을 개발한다. ·· ⑤ • 다양한 캠페인 활동을 통해 혈연과 지연을 중시하기보다는 같은 인간이라는 시각에서 혼혈인들을 바라보는 것이 중요함을 홍보한다.

10 농도가 각각 12%, 4%인 소금물을 섞어서 400g의 소금물을 만들었다. 여기에 소금 30g을 더 넣었더니 농도가 16%인 소금물이 되었다. 이때, 12% 소금물의 양을 구하시오.

① 275g
② 280g
③ 285g
④ 290g
⑤ 295g

11 다음은 일정한 규칙에 따라 배열한 수열이다. 빈칸에 들어갈 알맞은 수를 구하시오.

| 13 15 3 18 5 23 7 30 11 41 13 54 ( ) |

① 67

② 71

③ 73

④ 77

⑤ 81

12 다음 제시된 기호의 규칙을 찾아 빈칸에 들어갈 알맞은 숫자를 구하시오.

| 2%7 = 8   3%8 = 7   8%7 = 4   5%11 = ( ) |

① 1

② 2

③ 3

④ 4

⑤ 5

13 다음 제시된 그림과 같이 쌓기 위해 필요한 블록의 수를 구하시오.

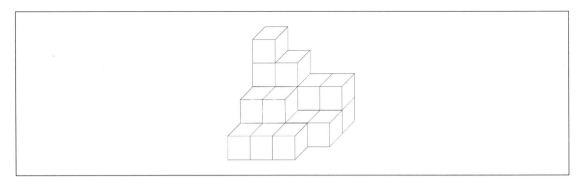

① 16개

② 17개

③ 18개

④ 19개

⑤ 20개

14 다음 제시된 〈보기〉의 블록이 도형 A, B, C를 조합하여 만들어질 때, 도형 C에 해당하는 것을 고르시오.

〈보기〉	도형 A	도형 B	도형 C

①

②

③

④

⑤

15 다음에 제시된 숫자의 배열을 보고 규칙을 찾아 "?"에 들어갈 숫자를 구하시오.

44	87	25
52	74	31
17	?	23

① 55

② 65

③ 75

④ 85

⑤ 95

16 병호가 집에서 출발하여 집으로부터 6km 떨어진 공원까지 가는데 처음에는 매분 60m의 빠르기로 걷다가 도중에 편의점부터는 매분 110m의 빠르기로 달려서 1시간 10분 만에 공원에 도착했다. 집에서 편의점까지 걸린 시간을 구하시오.

① 34분

② 35분

③ 36분

④ 37분

⑤ 38분

17 다음 글에 대한 이해로 적절하지 않은 것은?

유전자 변형 농작물에 대한 서로 다른 입장이 있다. 하나는 실질적 동등성을 주장하는 입장이고 다른 하나는 사전 예방 원칙을 주장하는 입장이다.

㉠실질적 동등성의 입장에서는 미세 조작으로 종이나 속이 다른 생물의 유전자를 한 생물에 집어넣어 활동하게 하는 유전자 재조합 방식으로 만들어진 농작물이 기존의 품종 개량 방식인 육종으로 만들어진 농작물과 같다고 본다. 육종은 생물의 암수를 교잡하는 방식으로 품종을 개량하는 것인데, 유전자 재조합은 육종을 단기간에 실시한 것에 불과하다는 것이다. 따라서 육종 농작물이 안전하기 때문에 육종을 단기간에 실시한 유전자 변형 농작물도 안전하며, 그것의 재배와 유통에도 문제가 없다는 것이 그들의 주장이다.

㉡사전 예방 원칙의 입장에서는 유전자 변형 농작물은 유전자 재조합이라는 신기술로 만들어진 완전히 새로운 농작물로 육종 농작물과는 엄연히 다르다고 본다. 육종은 오랜 기간 동안 동종 또는 유사종 사이의 교배를 통해 이루어지는 데 반해, 유전자 변형은 아주 짧은 기간에 종의 경계를 넘어 유전자를 직접 조작하는 방식으로 이루어지기 때문에 서로 다르다는 것이다. 그리고 안전성에 대한 과학적 증명도 아직 제대로 이루어지지 못했기 때문에 안전성이 증명될 때까지 유전자 변형 농작물의 재배와 유통이 금지되어야 한다고 주장한다.

유전자 변형 농작물이 인류의 식량 문제를 해결해 줄 수도 있다. 그렇지만 그것의 안전성에 대한 의문이 완전히 해소된 것은 아니다. 따라서 유전자 변형 농작물에 대해 관심을 가지고 보다 현실적인 대비책을 고민해야 한다.

① ㉠과 ㉡은 유전자 변형 농작물의 성격을 두고 상반된 주장을 하고 있군.

② ㉠과 ㉡은 모두 유전자 변형 농작물의 유통을 위해서는 안전성이 확보되어야 한다고 보는군.

③ ㉠은 유전자 변형 농작물과 육종 농작물이 모두 안전하다고 생각하는군.

④ ㉠은 인류의 식량 문제 해결을 위한 유전자 변형 농작물 유통에 찬성하겠군.

⑤ ㉡은 육종 농작물과 유전자 변형 농작물에 유전자 재조합 방식이 적용된다고 주장하고 있군.

18 다음 제시된 도형에 포함되지 않는 조각을 고르시오.

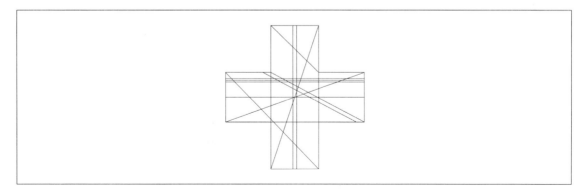

①

②

③

④

⑤

19 다음은 2021년 갑 회사 5개 품목(A ~ E)별 매출액, 시장점유율 및 이익률을 나타내는 그래프이다. 다음 중 이익이 가장 큰 품목은?

〈그림〉 2021년 A ~ E의 매출액, 시장점유율, 이익률

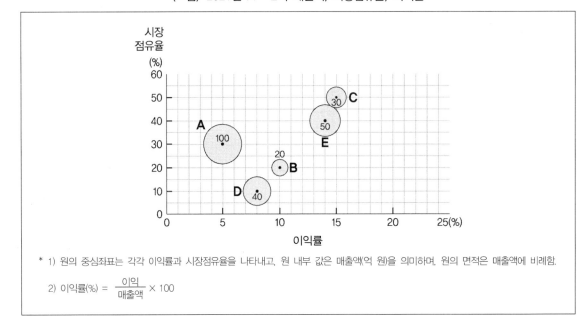

* 1) 원의 중심좌표는 각각 이익률과 시장점유율을 나타내고, 원 내부 값은 매출액(억 원)을 의미하며, 원의 면적은 매출액에 비례함.

   2) 이익률(%) = $\dfrac{\text{이익}}{\text{매출액}} \times 100$

① A   ② B

③ C   ④ D

⑤ E

20 둘레가 6km인 공원을 영수와 성수가 같은 장소에서 동시에 출발하여 같은 방향으로 돌면 1시간 후에 만나고, 반대 방향으로 돌면 30분 후에 처음으로 만난다고 한다. 영수가 성수보다 걷는 속도가 빠르다고 할 때, 영수가 걷는 속도는?

① 5km/h   ② 6km/h

③ 7km/h   ④ 8km/h

⑤ 9km/h

21 다음 글을 통해 알 수 있는 내용으로 적절하지 않은 것은?

> 재판이란 법원이 소송 사건에 대해 원고·피고의 주장을 듣고 그에 대한 법적 판단을 내리는 소송 절차를 말한다. 오늘날과 마찬가지로 조선 시대에도 재판 제도가 있었다. 당시의 재판은 크게 송사(訟事)와 옥사(獄事)로 나뉘었다. 송사는 개인 간의 생활 관계에서 발생하는 분쟁의 해결을 위해 관청에 판결을 호소하는 것을 말하며, 옥사는 강도, 살인, 반역 등의 중대 범죄를 다스리는 일로서 적발, 수색하여 처벌하는 것을 말한다.
>
> 송사는 다시 옥송과 사송으로 나뉜다. 옥송은 상해 및 인격적 침해 등을 이유로 하여 원(元 : 원고), 척(隻 : 피고) 간에 형벌을 요구하는 송사를 말한다. 이에 반해 사송은 원, 척 간에 재화의 소유권에 대한 확인, 양도, 변상을 위한 민사 관련 송사를 말한다.
>
> 그렇다면 당시에 이러한 송사나 옥사를 맡아 처리하는 기관은 어느 곳이었을까? 조선 시대는 입법, 사법, 행정의 권력 분립이 제도화되어 있지 않았기에 재판관과 행정관의 구별이 없었다. 즉 독립된 사법 기관이 존재하지 않았으므로 재판은 중앙의 몇몇 기관과 지방 수령인 목사, 부사, 군수, 현령, 현감 등과 관찰사가 담당하였다.

① 일반적인 재판의 정의
② 조선 시대 송사의 종류
③ 조선 시대 송사와 옥사의 차이점
④ 조선 시대 재판관과 행정관의 역할
⑤ 조선 시대 재판을 담당하는 관직

22 제시된 단어와 같은 관계가 되도록 괄호 안에 적절한 단어를 고르시오.

> 출석 : 결석 = 여성 : ( )

① 남성　　　　　　　　② 사람
③ 아이　　　　　　　　④ 어른
⑤ 할머니

23 다음에 제시된 9개의 단어 중 관련된 3개의 단어를 통해 유추할 수 있는 것을 고르시오.

> 야채, 생선, 형광등, 군인, 모니터, 면회, 제복, 하얀 가운, 지우개

① 군대
② 병원
③ 학교
④ 시장
⑤ 마트

24 A는 일주일 중 월요일에만 거짓말을 하고 나머지 요일에는 참말을 한다. 어느 날 A의 친구들이 A가 결혼을 한다는 소문을 들었다. A한테 전화를 걸었더니 다음과 같이 말했다. 친구들이 유추한 것 중 적절한 것은?

① A가 "오늘은 월요일이고 나는 결혼을 한다."라고 대답했다면 오늘은 월요일이 아니다.
② A가 "오늘은 월요일이고 나는 결혼을 한다."라고 대답했다면 A는 결혼을 한다.
③ A가 "오늘은 월요일이거나 나는 결혼을 한다."라고 대답했다면 오늘은 월요일이 맞다.
④ A가 "오늘은 월요일이거나 나는 결혼을 한다."라고 대답했다면 A는 결혼을 한다.
⑤ "오늘은 월요일이고 나는 결혼을 한다."와 "오늘은 월요일이거나 나는 결혼을 한다." 둘 중에 어떤 진술이든 지에 상관없이 A는 결혼을 한다.

25 다음은 2018~2021년에 자연과학, 공학, 의학 및 농학 분야에 투자된 국가전체의 총 연구개발비에 대한 자료이다. 표에 관한 설명으로 옳지 않은 것은?

〈표〉 국가별 연구개발비

(단위 : 백만 $)

구분	2018	2019	2020	2021
한국	46,130	52,100	58,380	65,395
미국	406,000	409,599	429,143	453,544
독일	83,134	87,832	96,971	102,238
프랑스	49,944	50,736	53,311	55,352
중국	184,457	213,010	247,808	293,550
영국	39,581	38,144	39,217	39,110

① 영국을 제외한 5개국은 2018년부터 2021년까지 연구개발비가 꾸준히 증가했다.

② 2020년 대비 2021년 연구개발비 증가율이 가장 큰 나라는 중국이다.

③ 2018년 미국의 연구개발비는 나머지 5개국의 연구개발비의 총합보다 높다.

④ 2021년 각 나라별 인구수 대비 연구개발비 금액이 가장 높은 나라는 미국이다.

⑤ 영국은 2021년에 2018년보다 더 적은 금액의 연구개발비를 투자했다.

26 함께 여가를 보내려는 A, B, C, D, E 다섯 사람의 자리를 원형탁자에 배정하려고 한다. 다음 글을 보고 옳은 것을 고르면?

- A 옆에는 반드시 C가 앉아야 된다.
- D의 맞은편에는 A가 앉아야 된다.
- 여가시간을 보내는 방법은 책읽기, 수영, 영화 관람이다.
- C와 E는 취미생활을 둘이서 같이 해야 한다.
- B와 C는 취미가 같다.

① A의 오른편에는 B가 앉아야 한다.

② B가 책읽기를 좋아한다면 E도 여가 시간을 책읽기로 보낸다.

③ B는 E의 옆에 앉아야 한다.

④ A와 D 사이에 C가 앉아있다.

⑤ A의 왼쪽에는 항상 C가 앉는다.

27 A에서 출발하여 D에 도착할 때 C 거치지만 B는 거치지 않는 경우의 수는? (단, 최단거리로 이동한다)

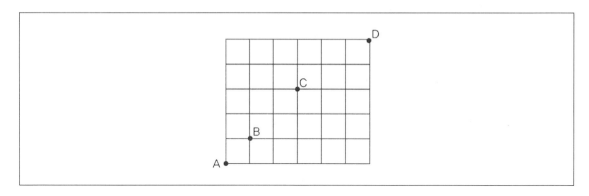

① 50   ② 60

③ 70   ④ 80

⑤ 90

28 다음 주어진 문장이 들어갈 위치로 가장 적절한 것은?

> 신체적인 측면에서 보면 잠든다는 것은 평온하고 안락한 자궁(子宮) 안의 시절로 돌아가는 것과 다름이 없다.

> 우리는 매일 밤 자신의 피부를 감싸고 있던 덮개(옷)들을 벗어 벽에 걸어 둘 뿐 아니라, 신체 기관을 보조하기 위해 사용하던 여러 도구를, 예를 들면 안경이나 가발, 의치 등도 모두 벗어 버리고 잠에 든다. ㉮ 여기에서 한 걸음 더 나아가면, 우리는 잠을 잘 때 옷을 벗는 행위와 비슷하게 자신의 의식도 벗어서 한쪽 구석에 치워 둔다고 할 수 있다. ㉯ 두 경우 모두 우리는 삶을 처음 시작할 때와 아주 비슷한 상황으로 돌아가는 셈이 된다. ㉰ 실제로 많은 사람들은 잠을 잘 때 태아와 같은 자세를 취한다. ㉱ 마찬가지로 잠자는 사람의 정신 상태를 보면 의식의 세계에서 거의 완전히 물러나 있으며, 외부에 대한 관심도 정지되는 것으로 보인다. ㉲

① ㉮   ② ㉯

③ ㉰   ④ ㉱

⑤ ㉲

29 다음 지문의 내용으로 옳지 않은 것은?

> 옛 학자는 반드시 스승이 있었으니, 스승이라 하는 것은 도(道)를 전하고 학업(學業)을 주고 의혹을 풀어 주기 위한 것이다. 사람이 나면서부터 아는 것이 아닐진대 누가 능히 의혹이 없을 수 있으리오. 의혹하면서 스승을 따르지 않는다면 그 의혹된 것은 끝내 풀리지 않는다. 나보다 먼저 나서 그 도(道)를 듣기를 진실로 나보다 먼저라면 내 좇아서 이를 스승으로 할 것이요, 나보다 뒤에 났다 하더라도 그 도(道)를 듣기를 또한 나보다 먼저라고 하면 내 좇아서 이를 스승으로 할 것이다. 나는 도(道)를 스승으로 하거니, 어찌 그 나이의 나보다 먼저 나고 뒤에 남을 개의 (介意)하랴! 이렇기 때문에 귀한 것도 없고 천한 것도 없으며, 나이 많은 것도 없고 적은 것도 없는 것이요, 도(道)가 있는 곳이 스승이 있는 곳이다.

① 스승이라 함은 본디 도를 전하고 의혹을 풀어주기 위한 것이다.
② 사람은 누구나 의혹을 가지고 있다.
③ 스승을 따르지 않는다면 의혹은 풀리지 않는다.
④ 나의 의혹을 풀어주는 사람이 바로 스승이다.
⑤ 나보다 먼저 난 사람만이 스승이 될 수 있다.

30 다음 글을 바탕으로 추론한 생각 중 적절하지 않은 것은?

> 15세기 중반까지 일반적 독서법은 소리 내 읽는 음독(音讀)이 아니라 눈으로만 읽는 묵독(黙讀)이었다. 책의 양 자체가 많지 않았기 때문에 책을 정독(精讀)하는 집중형 독서가 보편적이었기 때문이다. 그러다가 구텐베르크가 금속활자를 발명하고 인쇄술이 점차 산업화하면서 사정이 달라졌다. 18세기 중반, 책 생산량이 이전의 3, 4배로 증가하면서 집중형 독서는 다독(多讀)하는 분산형 독서로 바뀌었다. 20세기 후반 인류는 또 한 번의 독서 혁명을 겪게 된다. 인터넷 혁명을 통해 검색형 독서가 극대화된 것이다. 검색형 독서에서 독자(reader)는 사용자(user)가 되었다. 이제 독자는 필요한 텍스트만 고를 수 있을 뿐 아니라 언제라도 텍스트를 수정하고 그것에 개입해 새로운 텍스트를 만들어 낼 수 있게 되었다. 또한 소리를 의식한 텍스트, 구어를 활용한 문장, 음성을 글자에 담은 이모티콘 등도 사용할 수 있게 되었다.

① 집중형 독서는 다독보다는 정독에 어울리는 독서 방식이겠군.
② 검색형 독서 방식에서는 독자가 생산자의 역할도 할 수 있겠군.
③ 책의 양적 증가와 독서 방식의 변화 사이에는 어느 정도 상관관계가 있겠군.
④ 인쇄술의 발달과 인터넷 혁명으로 독서 방식이 변화를 겪었군.
⑤ 분산형 독서 방식으로의 변화가 구어를 활용한 글쓰기를 가능하게 했겠군.

31 다음 제시된 그림과 같이 쌓기 위해 필요한 블록의 수를 구하시오.

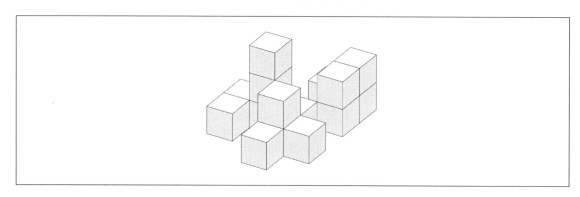

① 14개   ② 15개
③ 16개   ④ 17개
⑤ 18개

32 다음 각 기호가 일정한 규칙에 따라 문자들을 변환시킬 때, 문제의 "?'에 들어갈 알맞은 것을 고르시오.

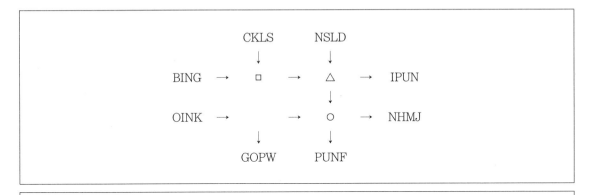

FOOT → △ → ○ → ?

① AONI

② SOOE

③ FHSO

④ HOOV

⑤ HQQV

33 다음 전개도를 접었을 때 나타나는 정육면체의 모양이 아닌 것을 고르시오.

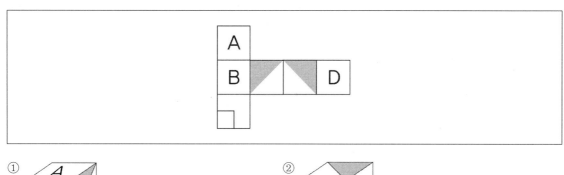

①

②

③

④

⑤

34 다음 도형을 펼쳤을 때 나타날 수 있는 전개도를 고르시오.

①

②

③

④

⑤

35 두 사건 A와 B는 서로 배반사건이고 $\mathrm{P}(A) = \mathrm{P}(B)$, $\mathrm{P}(A)\mathrm{P}(B) = \dfrac{1}{9}$ 일 때, $\mathrm{P}(A \cup B)$의 값은?

① $\dfrac{1}{6}$

② $\dfrac{1}{3}$

③ $\dfrac{1}{2}$

④ $\dfrac{2}{3}$

⑤ $\dfrac{5}{6}$

36 〈보기〉는 '세대 간 갈등의 해결 방안'에 관한 글을 쓰기 위해 작성한 개요와 각 부분의 소제목이다. 이에 대한 수정 및 보완 방안으로 적절하지 않은 것은?

〈보기〉

Ⅰ. 서론
　- 세대 간 갈등의 사례

Ⅱ. 세대 간 갈등의 실태
　- 신세대의 불만 : 나는 늙어도 저러지 않을 거야
　- 구세대의 불만 : ㉠ _____
　- ㉡ _____ : _____

Ⅲ. 세대 간 갈등의 원인
　- 이해의 부족 : 눈 못 뜬 올챙이
　- ㉢ <u>연결 고리의 부재 : 게으른 통신 비둘기</u>
　- ㉣ <u>배려의 부족 : 과거를 잊은 개구리</u>

Ⅳ. 세대 간 갈등의 해결책
　- 신세대의 태도 : 우러러보기
　- 구세대의 태도 : 눈높이 맞추기
　- 중간세대의 역할 : ㉤ _____

Ⅴ. 결론 : 세대에 따른 올바른 태도와 역할의 강조

---

① Ⅰ이 서론의 역할을 분명히 할 수 있도록 문제 제기 내용을 추가한다.

② 다른 부분의 소제목을 감안하여 ㉠에 '저 나이 때 나는 안 그랬는데'라는 소제목을 쓴다.

③ Ⅱ가 다른 부분과 균형이 맞도록 ㉡에 '중간세대'에 해당하는 내용을 추가한다.

④ Ⅲ이 다른 부분과 대응하도록 ㉢과 ㉣의 순서를 맞바꾼다.

⑤ 전체적인 글의 흐름을 감안해 ㉤에 '눈치 보기와 비위 맞추기'라는 소제목을 쓴다.

37 서로 성이 다른 3명의 야구선수(김씨, 박씨, 서씨)의 이름은 정덕, 선호, 대은이고, 이들이 맡은 야구팀의 포지션은 1루수, 2루수, 3루수이다. 그리고 이들의 나이는 18세, 21세, 24세이고, 다음과 같은 사실이 알려져 있다. 다음 중 성씨, 이름, 포지션, 나이가 바르게 짝지어진 것은?

- 2루수는 대은보다 타율이 높고 대은은 김씨 성의 선수보다 타율이 높다.
- 1루수는 박씨 성의 선수보다 어리나 대은보다는 나이가 많다.
- 선호와 김씨 성의 선수는 어제 경기가 끝나고 같이 영화를 보러 갔다.

---

① 김 – 정덕 – 1루수 – 18세

② 박 – 선호 – 3루수 – 24세

③ 서 – 대은 – 3루수 – 18세

④ 박 – 정덕 – 2루수 – 24세

⑤ 서 – 선호 – 1루수 – 21세

38 다음의 문장을 문맥에 맞게 배열한 것은?

ⓐ 그러므로 생태계 피라미드에서 상층의 존재들은 하층의 존재들을 마음대로 이용해도 된다.

ⓑ 결론적으로 인간은 다른 동물들을 얼마든지 잡아먹어도 된다.

ⓒ 어떤 사람들은 강한 존재가 약한 존재를 먹고 산다는 것을 의미하는 '약육강식'에 근거하여 동물을 잡아먹는 것을 도덕적으로 정당화하고자 한다.

ⓓ 그런데 인간은 생태계 피라미드에서 가장 높은 위치에 있는 존재이다.

ⓔ 그들의 논증은 다음과 같다.

ⓕ 약육강식은 자연법칙이다.

---

① ㉠ – ㉡ – ㉢ – ㉣ – ㉢ – ㉤

② ㉠ – ㉤ – ㉣ – ㉢ – ㉢ – ㉡

③ ㉢ – ㉢ – ㉤ – ㉠ – ㉣ – ㉡

④ ㉢ – ㉢ – ㉠ – ㉤ – ㉡ – ㉣

⑤ ㉢ – ㉣ – ㉡ – ㉢ – ㉠ – ㉤

39 두 개의 주사위를 동시에 던질 때 나오는 두 수의 합이 4보다 작거나 같을 확률은?

① $\frac{1}{6}$

② $\frac{1}{5}$

③ $\frac{1}{4}$

④ $\frac{1}{3}$

⑤ $\frac{1}{2}$

40 다음과 같이 화살표 방향으로 종이를 접었을 때의 뒷면의 모양에 해당하는 것을 고르시오.

①

②

③

④

⑤

41 다음과 같이 화살표 방향으로 종이를 접어 가위로 잘라낸 뒤 펼친 모양에 해당하는 것을 고르시오.

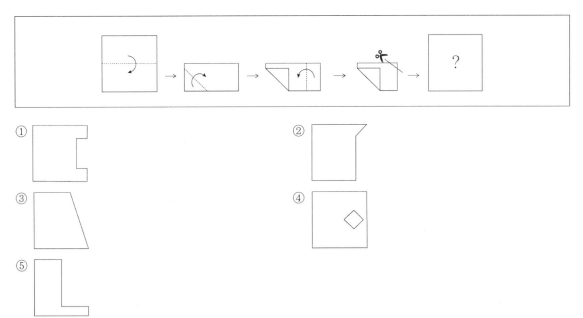

①

②

③

④

⑤

42 다음 글의 내용과 일치하지 않는 것은?

미국 코넬 대학교 심리학과 연구 팀은 1992년 하계 올림픽 중계권을 가졌던 엔비시(NBC)의 올림픽 중계 자료를 면밀히 분석했는데, 메달 수상자들이 경기 종료 순간에 어떤 표정을 짓는지 감정을 분석하는 연구였다.

연구 팀은 실험 관찰자들에게 23명의 은메달 수상자와 18명의 동메달 수상자의 얼굴 표정을 보고 경기가 끝나는 순간에 이들의 감정이 '비통'에 가까운지 '환희'에 가까운지 10점 만점으로 평정하게 했다. 또한 경기가 끝난 후, 시상식에서 선수들이 보이는 감정을 동일한 방법으로 평정하게 했다. 시상식에서 보이는 감정을 평정하기 위해 은메달 수상자 20명과 동메달 수상자 15명의 시상식 장면을 분석하게 했다.

분석 결과, 경기가 종료되고 메달 색깔이 결정되는 순간 동메달 수상자의 행복 점수는 10점 만점에 7.1로 나타났다. 비통보다는 환희에 더 가까운 점수였다. 그러나 은메달 수상자의 행복 점수는 고작 4.8로 평정되었다. 환희와 거리가 먼 감정 표현이었다. 객관적인 성취의 크기로 보자면 은메달 수상자가 동메달 수상자보다 더 큰 성취를 이룬 것이 분명하다. 그러나 은메달 수상자와 동메달 수상자가 주관적으로 경험한 성취의 크기는 이와 반대로 나왔다. 시상식에서도 이들의 감정 표현은 역전되지 않았다. 동메달 수상자의 행복 점수는 5.7이었지만 은메달 수상자는 4.3에 그쳤다.

왜 은메달 수상자가 3위인 동메달 수상자보다 결과를 더 만족스럽게 느끼지 못하는가? 이는 선수들이 자신이 거둔 객관적인 성취를 가상의 성취와 비교하여 주관적으로 해석했기 때문이다. 은메달 수상자들에게 그 가상의 성취는 당연히 금메달이었다.

최고 도달점인 금메달과 비교한 은메달의 주관적 성취의 크기는 선수 입장에서는 실망스러운 것이다. 반면 동메달 수상자들이 비교한 가상의 성취는 '노메달'이었다. 까딱 잘못했으면 4위에 그칠 뻔했기 때문에 동메달의 주관적 성취의 가치는 은메달의 행복 점수를 뛰어넘을 수밖에 없다.

① 연구 팀은 선수들의 표정을 통해 감정을 분석하였다.
② 연구 팀은 경기가 끝나는 순간과 시상식에서 선수들이 보이는 감정을 동일한 방법으로 평정하였다.
③ 경기가 끝나는 순간 동메달 수상자는 비통보다는 환희에 더 가까운 행복 점수를 보였다.
④ 동메달 수상자와 은메달 수상자가 주관적으로 경험한 성취의 크기는 동일하게 나타났다.
⑤ 은메달 수상자와 동메달 수상자의 가상의 성취는 달랐다.

43 2명의 손녀를 둔 할아버지의 현재 나이는 손녀들 나이의 합의 5배이다. 10년 후, 할아버지의 나이가 손녀들 나이의 합의 3배가 된다고 할 때 할아버지의 현재 나이는?

① 100세
② 125세
③ 50세
④ 60세
⑤ 75세

44 어떤 상품을 40% 이상의 이익이 남게 정가를 정한 후 결국 할인을 30%해서 9,800원으로 판매하였다. 원가는 얼마인가?

① 9,200원
② 9,400원
③ 9,600원
④ 9,800원
⑤ 10,000원

45 다음 제시된 입체 중에서 나머지와 모양이 다른 하나를 고르시오.

①
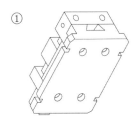

②
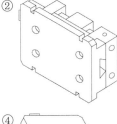

③
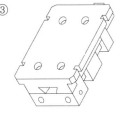

④
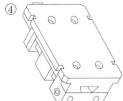

⑤

(   ) 창의적이고 생산적인 활동에는 당연히 사고 작용이 따르기 때문이다. 역으로, 말을 하고 난 뒤에나 글을 쓰고 난 뒤에 그 과정을 되돌아보면서 새로운 생각을 하거나 발전된 생각을 얻기도 한다. 또한 청자나 독자의 반응을 통해 자신의 생각을 바꾸거나 확신을 가지기도 한다. 이처럼 사고와 표현 활동은 지속적으로 상호 작용을 하게 된다.

사고와 표현 활동은 상호 작용을 하면서 각각의 능력을 상승시킨다는 점을 적극적으로 고려할 필요가 있다. 머릿속에서 이루어진 사고 활동의 내용을 구체적으로 말이나 글로 표현해 보면 부족하거나 개선할 점들을 찾을 수 있게 되고 이후에 좀 더 조직적으로 사고하는 습관도 생긴다. 한편 표현 활동을 하다 보면 어휘 선택, 내용 조직 등의 과정에서 어려움을 느끼게 된다. 이러한 어려움을 해결하기 위해 그에 대해 논리적이고 체계적으로 생각해 보게 되고 이를 통해 표현 능력이 향상된다. 이렇게 사고력과 표현력은 상호 협력의 밀접한 연관을 맺고 있다.

흔히 좋은 글을 쓰기 위한 조건으로 '다독(多讀), 다작(多作), 다상량(多商量)'을 들기도 하는데, 많이 읽고, 많이 써 보고, 많이 생각하다 보면 좋은 글을 쓸 수 있다는 뜻이다. 여기에서 '다상량은 충분한 사고 활동을 의미한다. 이는 물론 말하기에도 적용되는 것으로 표현 활동과 사고 활동의 관련성을 잘 말해 주고 있다.

① 행동과 사고의 선후관계는 명확하다.

② 사고 작용을 하는 것보다 생산적인 활동을 하는 것이 문제해결에 효율적이다.

③ 말을 하고 글을 쓰는 표현 행위는 사고 활동과 분리해서 생각할 수 없다.

④ 사고 과정에는 사고의 시작이 되는 사건이 선행된다.

⑤ 좋은 글을 쓰기 위해서는 그만큼 많이 읽고, 쓰고, 생각하는 것이 중요하다.

47 다음 도형들의 일정한 규칙을 찾아 "?" 표시된 부분에 들어갈 도형을 고르시오.

① ② ③ ④ ⑤

48 다음 두 그림을 비교하였을 때, 다른 부분은 몇 개인가?

① 7 ② 8
③ 9 ④ 10
⑤ 11

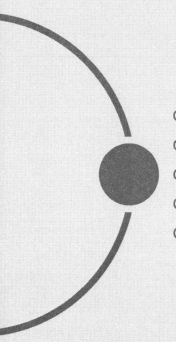

정답 및 해설

1	③	2	③	3	②	4	⑤	5	④	6	③	7	⑤	8	①	9	⑤	10	①
11	①	12	①	13	⑤	14	⑤	15	①	16	③	17	⑤	18	②	19	①	20	③
21	②	22	③	23	⑤	24	②	25	①	26	③	27	②	28	⑤	29	③	30	②
31	③	32	④	33	①	34	②	35	④	36	②	37	①	38	⑤	39	⑤	40	⑤
41	⑤	42	①	43	①	44	④	45	⑤	46	①	47	③	48	③				

1. ③

① 주어진 글에 따르면 비극의 개념은 시대와 역사에 따라 변한다.
② 불행한 결말은 필수적 요소가 아니며 결말이 좋게 끝나는 작품도 존재한다.
④ 비극의 주인공으로는 일상적인 주변 인간들보다 고귀하고 비범한 인물을 등장시킨다.
⑤ 비극의 본질적 속성은 역사적이라기보다 철학적이다.

2. ③

인터넷에서 정보를 찾을 수 있고, 국어사전에서 단어를 찾을 수 있다.

3. ②

카레, 영국, 발리우드를 통해 인도를 유추할 수 있다.

4. ⑤

① 교통 재해는 자연 재해의 종류에 속하지 않는다.
② 생물 재해는 자연 재해이며, 지변 재해와 중복되지도 않는다.
③ 글의 주제가 '자연 재해로 인한 재난과 나눔'이므로 '자연 재해를 예방하기 위한 실천 방안'보다는 '자연 재해 피해자에 대한 구호 방안'이 오는 것이 적절하다.

정답 문항 수 :　　 / 48개

회　독　수 : ○○○○○

④ '나눔'이라는 주장을 강조하기 위해서는 '구호 단체에 대한 감독 철저'보다 '각종 구호단체에 의연금 기부'가 오는 것이 적절하다.

5. ④

서울역에서 승차권 예매를 한 20분의 시간을 제외하면 걸은 시간은 총 36분이 된다.

갈 때 걸린 시간을 x분이라고 하면 올 때 걸린 시간은 $36-x$분, 갈 때와 올 때의 거리는 같으므로

$70 \times x = 50 \times (36-x)$, $120x = 1,800 \longrightarrow x = 15$(분)

사무실에서 서울역까지의 거리는 $70 \times 15 = 1,050$(m)이고, 왕복거리를 구해야 하므로 $1,050 \times 2 = 2,100$(m)가 된다.

6. ③

팀＼기록	승리 경기 수	패배 경기 수	무승부 경기 수	총 득점	총 실점
가	2	0	0	9	2
나	0	1	1	4	5
다	0	1	1	2	8

7. ⑤

8. ①

해당 도형을 펼치면 ①이 나타날 수 있다.

9. ⑤

㉠㉢ 자신의 신념이나 견해와 일치하는 정보

㉡㉣ 자신의 신념이나 견해와 일치하지 않는 정보

10. ①

㉢ 일용직이나 임시직에서 여자의 비율이 높고, 정규직에서 남자의 비율이 높은 것으로 보아 고용 형태에서 여성의 지위가 남성보다 불안하다.

㉣ 제시된 자료로는 알 수 없다.

11. ①

• 아라는 민혁이를 좋아하고 민혁이도 아라를 좋아하기 때문에 A는 옳다.

• 찬수가 영희를 좋아한다는 내용은 나와 있지만 영희가 누굴 좋아하는지는 나와 있지 않다.

따라서 A만 옳다.

12. ①

• 두 번째 조건의 대우 : B가 참이거나 F가 거짓이면, C는 거짓이고 D도 거짓이다.
  → C도 거짓, D도 거짓

• 세 번째 조건의 대우 : B가 거짓이고 F가 거짓이면, C는 거짓이고 E는 참이다.
  → B를 모르기 때문에 E에 대해 확신할 수 없다.

• 첫 번째 조건의 대우 : A가 참이면, B가 참이고 C가 거짓이다.

따라서 A가 참이라는 것을 알면, B가 참이라는 것을 알고, 세 번째 조건의 대우에서 E가 참이라는 것을 알 수 있다.

13. ⑤

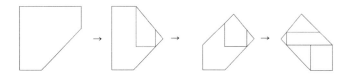

14. ⑤

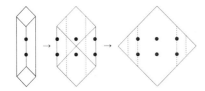

15. ①

주어진 식에서 @의 규칙은 @ 앞의 수에 뒤의 수를 나눈 값의 소수점 첫째 자리가 답이 되는 것이다.
따라서 마지막 식을 풀면 19@21 = 9(∵ 19÷21 = 0.904…), 9@15 = 6(∵ 9÷15 = 0.6)이다.

16. ③

$1,800 \times 0.08 = 144$(명)

17. ⑤

⑤ 서울 : 673−513=160
① 부산 : 517−436=81
② 울산 : 536−468=68
③ 대전 : 258−196=62
④ 세종 : 330−269=61

18. ②

과거 냉장고가 없던 시기에는 이웃들과 음식을 나눠 먹는 일이 빈번했지만 이제 남은 음식은 냉장고에 보관하게
되었다는 내용이 빈칸의 뒤로 이어지고 있다. 따라서 빈칸에는 ②의 내용이 가장 적절하다.

19. ①

제시된 그림과 같이 쌓기 위해 블록의 개수는 13+9+4+1 = 27(개)이다.

20. ③

작년 일반 성인입장료를 x원이라고 할 때, A시민 성인입장료는 $0.6x$원이다.

각각 5,000원씩 할인하면 $(x-5,000):(0.6x-5,000)=5:2$이므로 외항과 내항을 곱하여 계산한다.

$5(0.6x-5,000)=2(x-5,000)$

$3x-25,000=2x-10,000$

$x=15,000$

∴ 올해 일반 성인입장료는 5,000원 할인된 10,000원이다.

21. ②

두 자리 자연수를 $10a+b$라 하면 주어진 문제에 따라 다음이 성립한다.

$\begin{cases} 2a=b+1 \\ 10b+a=(10a+b)+9 \end{cases} \Rightarrow \begin{cases} 2a-b=1 \\ 9a-9b=-9 \end{cases} \Rightarrow \begin{cases} 18a-9b=9 \\ 9a-9b=-9 \end{cases} \Rightarrow a=2, \ b=3$

따라서 구하는 두 자리 자연수는 $10a+b=23$이다.

22. ③

㉠㉡을 통해 노인인구 증가에 대한 문제제기를 제기하고, ㉢을 통해 노인 복지 정책의 바람직한 방향을 금전적인 복지보다는 경제적인 독립, 즉 일자리 창출 등으로 잡아야 한다고 논지를 전개해야 한다.

23. ⑤

결론이 '자동차는 1번 도로를 지나오지 않았다.'이므로 결론을 중심으로 연결고리를 이어가면 된다.

• 자동차가 1번 도로를 지나오지 않았다면 ㉠에 의해 이 자동차는 A, B마을에서 오지 않았다.
• 흙탕물이 자동차 밑바닥에 튀지 않고 자동차를 담은 폐쇄회로 카메라가 없다면 A마을에서 오지 않았을 것이다.
• 도로정체가 없고 검문소를 통과하지 않았다면 B마을에서 오지 않았을 것이다.
• 폐쇄회로 카메라가 없다면 도로정체를 만나지 않았을 것이다.
• 자동차 밑바닥에 흙탕물이 튀지 않았다면 검문소를 통과하지 않았을 것이다.

따라서 자동차가 1번 도로를 지나오지 않았다는 결론을 얻기 위해서는 폐쇄회로 카메라가 없거나 흙탕물이 튀지 않았다는 전제가 필요하다.

24. ②

① 복사기를 같이 쓴다고 해서 같은 층에 있는 것은 아니다. 영업부가 경리부처럼 위층의 복사기를 쓸 수도 있다.

③ 인사부가 2층의 복사기를 쓰고 있다고 해서 인사부의 위치가 2층인지는 알 수 없다.

④ 제시된 조건으로 기획부의 위치는 알 수 없다.

⑤ 제시된 조건으로는 알 수 없다.

25. ①

주어진 수열은 첫 번째 항부터 $+1$, $+2$, $+3$, $+4$, …로 변화한다. 따라서 빈칸에 들어갈 수는 $22+5=27$이다.

26. ③

남자 1명이 하루에 옮길 수 있는 양은 $\dfrac{1}{3}$, 여자 1명이 하루에 옮길 수 있는 양은 $\dfrac{1}{9}$이다. 남자 2명과 여자 x명이 하루 만에 창고의 모든 짐을 옮기려면 $2\times\dfrac{1}{3}+x\times\dfrac{1}{9}=1$이어야 하므로 $x=3$, 즉 3명의 여자 인부가 필요하다.

27. ②

A	
B	C

규칙은 '$\dfrac{A\times B}{4}=C$'이다.

$\therefore \dfrac{7\times B}{4}=14$, $B=8$

28. ⑤

$\dfrac{\text{초졸}+\text{중졸수}}{\text{여성수}}=\dfrac{10+25}{90}=\dfrac{35}{90}=\dfrac{7}{18}$

29. ③

제시된 문장 뒤에는 스코틀랜드 사람들은 킬트를 전문 문화라고 믿고 있지만, 사실은 그렇지 않다는 내용의 ㉠이 이어져야 한다. 이어서 1707년 이후 1745년까지도 전통의상으로 여겨지지 않았다는 내용의 ㉤이 와야 한다. ㉤에서 반란 전의 내용이 왔으므로, ㉣의 반란 후의 내용이 이어지는 것이 적절하며, 마지막 킬트가 각 씨족의 상징이 되기 시작한 유래의 내용인 ㉢과 ㉡이 와야 한다.

30. ②

'기억의 장소'의 구체적 사례에 대해서는 언급되지 않았다.
①③⑤ 두 번째 문단에서 언급하였다.
④ 네 번째 문단에서 언급하였다.

31. ③

혈연, 지연을 배제한 자율적이고 평등한 자발적 연대에 의해 형성된다고 하였으므로 '동호회'가 가장 적절하다.

32. ④

① 평면, 정면, 측면 모두 제시된 모양과 다르다.
② 평면, 정면의 모양이 제시된 모양과 다르다.
③⑤ 평면, 측면의 모양이 제시된 모양과 다르다.

33. ①

각 기호의 규칙
• □ : 첫째자리와 넷째자리 자리 바꿈
• ☆ : 첫째자리와 셋째자리에 +1 적용
• ○ : 둘째자리와 넷째자리에 -1 적용
∴ 1523 → ○ = 1422 → □ = 2421

34. ②

①~⑫ 삼각형 12개
③+④, ⑤+⑥, ⑦+⑧, ⑩+⑪, ③+⑦, ④+⑧, ⑤+⑩,
⑥+⑪, ②+④+⑧, ⑤+⑩+⑨, ②+⑤+⑩, ④+⑧+⑨
①+②+③+④+⑤+⑥, ⑦+⑧+⑨+⑩+⑪+⑫의 14개
∴ 12+14=26(개)

35. ④

 〈보기〉에 제시된 블록의 총 개수는 18개이다. 도형 A의 블록 수가 6개이고, 도형 B의 블록 수가 5개이므로 도형 C는 7개의 블록으로 이루어진 모양이어야 한다. 따라서 ①, ②, ③은 제외하고 블록의 모양을 판별하도록 한다. 세 개의 블록으로 이루어지는 면에서 가운데 블록이 비어있는 모양이 필요하므로 답은 ④번이다.

36. ②

한 변의 길이를 x라 하면, $6x^2 = 54$에서 $x^2 = 9$이고 $x = 3$이므로

$\therefore\ V = 3^3 = 27(cm^3)$

37. ①

① 기존의 주장을 반박하는 방식은 나타나고 있지 않다.

38. ⑤

'어머니는 깔끔한 사람이다.'가 참이 되려면, '어머니는 매일 청소를 하신다.'와 '청소를 하는 사람은 깔끔한 사람이다.'가 필요하다.
따라서 ⑤가 정답이다.

39. ⑤

빅데이터는 데이터의 양이 매우 많을 뿐 아니라 데이터의 복잡성이 매우 높다. 데이터의 복잡성이 높으면 다양한 파생 정보를 끌어낼 수 있다. 즉, 빅데이터에서 파생 정보를 얻을 수 있다.

40. ⑤

357m에 7m 간격으로 심으면 $357 \div 7 = 51$(그루)
처음에 1개를 심어야 하므로 $51 + 1 = 52$(그루)
양쪽에 심어야 하므로 $52 \times 2 = 104$(그루)

41. ⑤

⑤

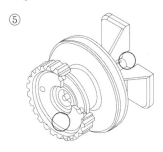

42. ①

블록 문제는 숨겨진 부분을 파악하는 것이 가장 중요하다.

		3	1	3	1
1	1	1	1	2	
				1	

43. ①

윗글의 저자는 우리말의 맞춤법이 영어보다 쉬운데도 불구하고 어렵다고 생각되는 것은 국민들이 우리말을 소홀하게 생각하는 데서, 즉 우리말에 대한 관심이 적은 데서 비롯된 결과라고 보고 있다.

44. ④

통화량이 x분인 사람의 요금은 통신사 A의 경우 $40,000+60(x-300)$, 통신사 B의 경우 $50,000+50(x-400)$이므로 $50,000+50(x-400)<40,000+60(x-300)$일 때 A를 선택했을 때보다 더 이익이다.

$\therefore x>800(분)$

45. ⑤

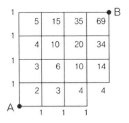

46. ①

47. ③

△ 도형이 시계방향으로 인접한 부분의 도형과 자리를 바꾸어 가면서 이동하고 있다.

48. ③

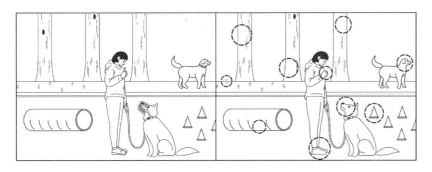

1	①	2	⑤	3	④	4	②	5	③	6	①	7	③	8	⑤	9	②	10	③
11	④	12	②	13	④	14	③	15	②	16	②	17	⑤	18	②	19	②	20	⑤
21	⑤	22	③	23	②	24	②	25	⑤	26	⑤	27	①	28	③	29	④	30	④
31	②	32	④	33	①	34	②	35	③	36	③	37	③	38	①	39	②	40	③
41	④	42	③	43	③	44	⑤	45	②	46	①	47	④	48	④				

1. ①

제시된 강연문은 공감능력에 대해 예를 들어 설명하며, 우리 모두는 공감능력을 타고난 존재임을 새롭게 인식할 필요가 있다고 언급하고 있다.

2. ⑤

'편집자는 행복한 사람이다.'가 참이 되려면, '편집자는 자신의 업무에 만족한다.'와 '만족하는 사람은 행복한 사람이다.'가 필요하다.
따라서 ⑤가 정답이다.

3. ④

제시된 단어는 유의어 관계이기 때문에 책방의 유의어인 서점이 답이 된다.

4. ②

㉠㉡㉢㉺ 기존의미의 가족, 전통적 가족
㉣㉤㉥ 새로운 의미의 가족

5. ③

㉠ 1804년 가구당 인구수는 $\dfrac{68,930}{8,670}$ = 약 7.95이고, 1867년 가구당 인구수는 $\dfrac{144,140}{27,360}$ = 약 5.26이므로 1804년 대비 1867년의 가구당 인구수는 감소하였다.

㉡ 1765년 상민가구 수는 $7,210 \times 0.57 = 4109.7$이고, 1804년 양반가구 수는 $8,670 \times 0.53 = 4595.1$로, 1765년 상민가구 수는 1804년 양반가구 수보다 적다.

㉢ 1804년의 노비가구 수는 $8,670 \times 0.01 = 86.7$로 1765년의 노비가구 수인 $7,210 \times 0.02 = 144.2$보다 적고, 1867년의 노비가구 수인 $27,360 \times 0.005 = 136.8$보다도 적다.

㉣ 1729년 대비 1765년에 상민가구 구성비는 59.0%에서 57.0%로 감소하였고, 상민가구 수는 $1,480 \times 0.59 = 873.2$에서 $7,210 \times 0.57 = 4109.7$로 증가하였다.

6. ①

35% 소금물 400g에 들어 있는 소금의 양은 $400 \times 0.35 = 140$(g)이고, 물의 양은 $400 - 140 = 260$(g)이다.
물이 50g 증발했으므로 물의 양의 $260 - 50 = 210$(g)이고,
따라서 소금물의 농도는 $\dfrac{140}{210 + 140} \times 100 = \dfrac{140}{350} \times 100 = 40$(%)이다.

7. ③

㉠ 정사각형의 수 : ①, ②, ③, ④, ①+②+③+④의 5개
㉡ 직사각형의 수 : ①+②, ①+③, ②+④, ③+④의 4개
∴ $5 + 4 = 9$(개)

8. ⑤

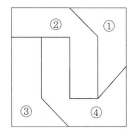

9. ②

빈칸의 뒤에서 풍경화의 모든 부분은 그것을 바라보는 한 개인과 관계되어 있음을 말하고 있으므로 빈칸에는 ② 의 내용이 적절하다.

10. ③

'시간$=\dfrac{거리}{속도}$'이므로, 철수가 뛰어간 거리를 x라고 하면 $\dfrac{12-x}{3}+\dfrac{x}{4}=3.5 \rightarrow 4(12-x)+3x=42$

$\therefore x=6(\text{km})$

11. ④

지우개, 흑연, 육각형을 통해 연필을 유추할 수 있다.

12. ②

• A의 말이 참이라면, B와 C는 거짓말이어야 한다.
• B의 말이 진실이라면, A, B, C 모두 거짓이므로 B의 말은 모순이다. 따라서 B의 말은 거짓이다.
• C의 말이 진실이라면, A, B, C 모두 진실이어야 하는데 B가 진실이 될 수 없다. 따라서 모순이다.

13. ④

① 정면의 모양이 제시된 모양과 다르다.
② 정면, 측면의 모양이 제시된 모양과 다르다.
③⑤ 평면, 정면의 모양이 제시된 모양과 다르다.

14. ③

제시된 그림과 같이 쌓기 위해 필요한 블록의 개수는 16+9+5=30(개)이다.

15. ②

- 영희가 범인이라면 첫 번째, 세 번째 조건은 참이고, 두 번째 조건은 거짓이다.
- 순이가 범인이라면 모든 조건이 참이다.
- 보미가 범인이라면 두 번째, 세 번째 조건은 참이고, 첫 번째 조건은 거짓이다.

한 진술은 거짓이고, 나머지 진술은 참이 되어야 하므로 ②는 거짓이다.

16. ②

볼펜의 할인가는 1,400원, 샤프의 할인가는 1,900원이다. 샤프를 x개, 볼펜을 $(10-x)$개 샀다고 할 때 $1,400(10-x)+1,900x \leq 15,000$이므로 $x \leq 2$, 즉 샤프는 최대 2개 살 수 있다.

17. ⑤

제시된 글에서 어떤 개체의 행동을 결정하는 일관된 기준은 오로지 유전자의 이익이며, 이는 인간이 냉혹한 이기주의자라는 것이 아닌 오히려 인간의 이타적이고 협력적인 태도를 설명할 수 있는 이론이라고 말한다.

18. ②

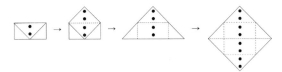

19. ②

전체 경우의 수에서 4명 모두가 A팀인 경우의 수와 4명 모두 B팀인 경우의 수를 빼면 된다.

$$\therefore \ _9C_4 - (\,_5C_4 + \,_4C_4) = \frac{9 \times 8 \times 7 \times 6}{4 \times 3 \times 2 \times 1} - (5+1) = 120$$

20. ⑤

작년 남학생 수를 x라고 하면 작년 여학생 수는 $(1000-x)$이다.

$x \times 0.08 + (1000-x) \times -0.04 = 20$

$0.08x - 40 + 0.04x = 20$

$0.12x = 60$

$12x = 6000$

$\therefore \quad x = 500$

21. ⑤

㈁의 뒤에서 '그리고 그 차이'라는 지시어에 해당하는 '차이'를 앞에서 언급해야 하므로, 주어진 문장은 ㈁에 들어가는 것이 적절하다.

22. ③

작품 밑에 참인 글귀를 적는 진수와 상민이 그렸다면, 진수일 경우 진수가 그리지 않았으므로 진수는 그림을 그린 것이 아니고 상민일 경우 문제의 조건에 맞으므로 상민이 그린 것이 된다.

23. ②

각 기호의 규칙

• □ : 첫째자리와 넷째자리 자리바꿈
• ☆ : 첫째자리와 셋째자리에 +1 적용
• ○ : 둘째자리와 넷째자리에 −1 적용

$\therefore$ BBCE → EBCB → EACA

24. ②

홀수 항은 $\frac{1}{2}$씩, 짝수 항은 $\frac{1}{3}$씩 변화하고 있다.

25. ⑤

일의 자리 숫자를 x로 놓았을 때 다음의 식이 성립한다.

$2 \times 100 + 5 \times 10 + x = 2 \times 100 + x \times 10 + 5 + 18$

$250 + x = 200 + 10x + 23$

$x - 10x = 223 - 250$

$-9x = -27$

$x = 3$

∴ 처음 수는 $2 \times 100 + 5 \times 10 + 3 = 253$이다.

26. ⑤

AB	EF	CD

$A + B = E,\ C - D = F$

∴ 62(∵ 6−2＝4)

27. ①

$a^{5+3} = a^8$

28. ③

주희는 '친(親)'보다는 '신(新)'이 백성을 새로운 사람으로 만든다는 취지를 더 잘 표현한다고 보았다.

29. ④

새터민의 심리적 부적응과 생활상의 문제를 해결하기 위해 사회복지사를 배정하는 것은 '사회 통합을 위한 언어 정책 마련'이라는 주제에 맞지 않는 내용이다.

30. ④

④ 공동체 의식의 형성은 이타성을 제고한다고 볼 수 있으므로 자원 봉사 활동의 활성화와 관련이 없다고 보기 힘들다.

① 해결 방법에 해당하는 내용이므로 Ⅲ로 옮기는 것이 적절하다.

② 하위항목이 문제점에 해당하는 내용들이므로 적절하다.

③ 문제점으로 타율적인 봉사활동 참여가 지적되었으므로 자발적 참여를 유도하는 해결 방안은 적절하다.

31. ②

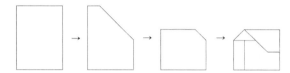

32. ④

주어진 식은 &의 앞과 뒤의 수를 곱한 후 48에서 뺀 값이다. 따라서 마지막 식을 풀면 $48-3\times9=21$이다.

33. ①

34. ②

제시된 전개도를 접으면 ②가 된다.

35. ③

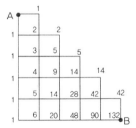

36. ③

ⓛ 정보해석능력과 시민들의 정치참여 사이의 양의 상관관계

ⓙ ⓛ에 대한 반박

ⓔ ⓙ 마지막에서 언급한 내용에 대한 예시

ⓒ ⓔ 마지막에서 언급한 교육 수준이 높아지지만 정치참여는 증가하지 않는다는 것을 보여주는 경우

37. ③

C는 워싱턴과 런던을 선호하는데 A와 같은 도시에는 가지 않을 생각이므로 워싱턴은 갈 수 없고 C 아니면 D가 런던에 가는데 B와 D가 함께 가야하므로 D는 런던에 갈 수 없다. 따라서 C가 런던에 간다.

38. ①

크기와 모양이 같다고 하였으므로 왼쪽 4개, 중간 2개, 오른쪽 2개가 쌓여있는 것을 알 수 있다. 따라서 블록의 개수는 8개이다.

39. ②

② 연역 추리

①③④⑤ 귀납 추리

40. ③

민수의 올해 나이를 x라 하면

$\dfrac{1}{4}(x-2)=\dfrac{1}{5}(x+1)$

$5(x-2)=4(x+1)$

$5x-10=4x+4$

$\therefore\ x=14$(세)

41. ④

〈보기〉에 제시된 블록의 총 개수는 18개이다. 도형 A의 블록 수가 7개이고, 도형 B의 블록 수가 5개이므로 도형 C는 6개의 블록으로 이루어진 모양이어야 한다.

① 블록의 높이는 최대 3개까지 쌓을 수 있다.

②③ 블록의 개수가 많거나 적다.

42. ③

요리에 대해 몇 인분을 만들었는지는 동시에 적용된다. 총 x인분의 요리를 만들었다고 할 때, 각각의 재료에 대하여 1인분 당 고기량과 인분수의 곱을 합한 값이 사용한 총 육류량이 된다.

$\dfrac{100}{3}x+\dfrac{100}{4}x+\dfrac{100}{6}x=3600$

$\therefore\ x=3600\times\dfrac{12}{900}=48$(인분)

43. ③

"인간은 일상생활에서 다양한 역할을 수행한다."라는 일반적 진술을 뒷받침하기 위해서는 다양한 역할이 무엇인지에 대한 구체화가 이어져야 한다.

44. ⑤

⑤

45. ②

A가 혼자 가위, 바위, 보로 각각 이길 수 있는 경우의 수가 한 개씩이다.

46. ①

이 글에서 '사람과 같은 감정'이란 의식적인 사고가 따르는 2차 감정을 의미한다고 하였다. 새끼 거위가 독수리 모양을 보고 달아나는 것은 공포감으로, 이것은 본능적인 차원의 1차 감정에 해당된다. 그러므로 ①은 밑줄 친 부분의 근거가 될 수 없다.

47. ④

④ 2열은 1열에서 선이 하나 그어지고 3열은 2열에서 선이 하나 더 그어졌다. 또한 1행, 2행, 3행은 90°씩 회전하고 있다.

48. ④

1	③	2	③	3	①	4	④	5	③	6	②	7	④	8	②	9	②	10	⑤
11	②	12	②	13	①	14	③	15	①	16	③	17	①	18	①	19	④	20	③
21	③	22	④	23	④	24	⑤	25	③	26	②	27	②	28	②	29	⑤	30	②
31	④	32	⑤	33	①	34	③	35	④	36	②	37	③	38	④	39	④	40	③
41	①	42	②	43	④	44	②	45	③	46	④	47	③	48	②				

1. ③

서론에서는 문제를 제기하고 본론에서는 구체적인 내용과 주장을 내세우며 결론 부분에서는 내세우는 바를 다시 요약하며 마무리한다.

※ 올바른 청소년 문화의 정착
  ㉠ **서론** : 청소년 비행의 뜻, 청소년 비행의 실태
  ㉡ **본론1** : 향락적 분위기, 가치 · 뜻 부재
  ㉢ **본론2** : 전인교육 강화, 퇴폐문화로부터 청소년 보호
  ㉣ **결론** : 문화의 중요성 강조, 사랑 · 관심 촉구

2. ③

첫 번째 조건이 참이라면, 두 번째 구슬은 파란색이고, 첫 번째 구슬은 노란색이다. 세 번째 구슬은 빨간색이 된다.

3. ①

기류, 날개, 하늘을 통해 비행기를 유추할 수 있다.

4. ④

④ 문학은 작가의 체험 가운데에서 재해석을 통해 가치를 부여한 것을 표현한다.

5. ③

A에서 B와 C를 거쳐 D에 도착하는 경우의 수＝(A에서 B로 가는 경우의 수)×(B에서 C로 가는 경우의 수)×(C에서 D로 가는 경우의 수)

∴ $\dfrac{3!}{2! \times 1!} \times \dfrac{3!}{1! \times 2!} \times \dfrac{5!}{3! \times 2!} = 3 \times 3 \times 10 = 90$(개)이다.

6. ②

지난 주 판매된 A 메뉴를 x, B 메뉴를 y라 하면

$\begin{cases} x + y = 1000 \\ x \times (-0.05) + y \times 0.1 = 1000 \times 0.04 \end{cases}$

두 식을 연립하면 $x = 400$, $y = 600$

따라서 이번 주에 판매된 A 메뉴는 $x \times 0.95 = 400 \times 0.95 = 380$(명분)이다.

7. ④

제시된 전개도를 접으면 ④가 된다.

8. ②

해당 도형을 펼치면 ②가 나타날 수 있다.

9. ②

ⓛ에서 방과 후 독서 활동의 실태를 분석하여 이에 대한 문제점을 제시하는 내용이 이어지고 있다. 따라서 '학교 체험 활동과의 연계성 강화'라는 하위 항목은 ⓔ의 하위 항목으로 적절하다.

10. ⑤

노새가 가진 당근의 수를 x, 당나귀가 가진 당근의 수를 y라 하면,
$x+1=2(y-1)$, $x-1=y+1$이고, 이를 풀면 $x=7$, $y=5$이다.
따라서 $x+y=12$(개)

11. ②

조건대로 하나씩 채워나가면 다음과 같다.

	A	B	C	D	E
해외펀드	×	×	○	×	×
해외부동산	×	○	×	×	×
펀드	×	×	×	×	○
채권	○	×	×	×	×
부동산	×	×	×	○	×

A와 E가 추천한 항목은 채권, 펀드이다.

12. ②

A : 요리하는 사람은 난폭할 수도 있고 그렇지 않을 수도 있다. 따라서 민희의 어머니가 난폭한지 아닌지는 알
　수 없다.
B : 누리의 어머니는 난폭하므로 배려심이 없다. 따라서 B만 옳다.

13. ①

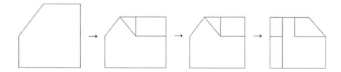

14. ③

제시된 그림과 같이 쌓기 위한 블록의 개수는 13+9+3=25개이다.

15. ①

반죽은 밀가루를 가지고 만들 수 있고, 타이어는 고무를 가지고 만들 수 있다.

16. ③

물통의 용량을 1이라 할 때, A관은 시간당 $\frac{1}{5}$만큼, B관은 시간당 $\frac{1}{7}$만큼의 물이 채워진다.

처음 1시간은 A관만 사용하고, 이후의 시간은 A, B관 모두 사용하였으므로 이후의 시간을 t라고 할 때,

$\frac{1}{5} + t(\frac{1}{5} + \frac{1}{7}) = 1$, $t = \frac{7}{3} = 2$시간 20분

∴ 물통이 가득 찰 때까지 걸리는 시간은 3시간 20분이다.

17. ①

I에서는 방화벽 시스템의 개념에 대한 설명이 다루어져야 하므로 ①과 어울리지 않는다. 보유 정보가 해커들로부터 보호할 가치가 있다는 주장을 하고자 한다면, II에서 제시하여 방화벽 시스템의 필요성을 강조할 수 있다.

18. ①

제시된 종이 접기를 가위로 자른 후의 모양은 ①이다.

19. ④

평균 $= \dfrac{\text{자료 값의 합}}{\text{자료의 수}}$ 이므로

· $A = \dfrac{x}{20} = 70 \rightarrow x = 1,400$

· $B = \dfrac{y}{30} = 80 \rightarrow y = 2,400$

· $C = \dfrac{z}{50} = 60 \rightarrow z = 3,000$

∴ 세 반의 평균은 $\dfrac{1,400 + 2,400 + 3,000}{20 + 30 + 50} = 68$(점)

20. ③

㉠ $1,200 \times 0.423 = 507.6$(만)

㉡ $1,200 \times 0.25 \times 0.435 = 130.5$(만)

21. ③

ⓛⓜⓘ은 ⓒ에서 제시한 서울대공원의 동물들이 죽은 사건에 대한 작가의 생각이 나열되어 있다. ⓡ은 글의 내용을 마무리 하고 있다.

22. ④

각 기호의 규칙
- &; : 맨 앞자리 문자를 처음에 추가한다.
- ♌ : 두 번째 문자를 맨 마지막으로 이동시킨다.
- Ⅱ : 문자를 끝에서부터 차례대로 정렬한다.
- ☺ : 맨 뒷자리 문자를 삭제한다.

∴ ACE → AC → AAC

23. ④

제시된 조건에 따라 극장과 건물 색깔을 배열하면 C(회색), B(파란색), A(주황색)이 된다.

24. ⑤

주어진 수열은 $5+9n(n=1,\ 2,\ 3,\cdots)$의 규칙으로 진행된다. 따라서 빈칸에 들어갈 수는 $5+9\times7=68$이다.

25. ③

200g에 들어 있는 소금의 양은 섞기 전 5%의 소금의 양과 12% 소금이 양을 합친 양과 같아야 한다.
필요한 5% 소금물의 양을 x라 하면 녹아 있는 소금의 양은 $0.05x$
15% 소금물의 소금의 양은 $0.15(200-x)$
$0.05x+0.15(200-x)=0.12\times200$
$5x+3000-15x=2400$
$10x=600$
$x=60(\text{g})$
∴ 5%의 소금물 60g, 15%의 소금물 140g

26. ②

주어진 식들을 따라 유추해보면 !는 (!앞의 수)×4−(!뒤의 수)이다. 따라서 빈칸에 들어갈 수를 x라고 하면, $7 \times 4 - x = 18$, $x = 10$이다.

27. ②

조건 (가)에서 R석의 티켓의 수를 a, S석의 티켓의 수를 b, A석의 티켓의 수를 c라 놓으면

$a + b + c = 1,500$ ······ ㉠

조건 (나)에서 R석, S석, A석 티켓의 가격은 각각 10만 원, 5만 원, 2만 원이므로

$10a + 5b + 2c = 6,000$ ······ ㉡

A석의 티켓의 수는 R석과 S석 티켓의 수의 합과 같으므로

$a + b = c$ ······ ㉢

세 방정식 ㉠, ㉡, ㉢을 연립하여 풀면

㉠, ㉢에서 $2c = 1,500$이므로 $c = 750$

㉠, ㉡에서 연립방정식 $\begin{cases} a + b = 750 \\ 2a + b = 900 \end{cases}$ 을 풀면 $a = 150$, $b = 600$이다.

따라서 구하는 S석의 티켓의 수는 600장이다.

28. ②

청주, 황주, 맥주, 와인은 모두 증류주를 만들기 위한 증류의 대상이 되는 술이고, 위스키는 증류주이다.

29. ⑤

흔히 증류주로 알려져 있는 소주가 다른 증류주들과 다른 과정으로 제조됨을 설명하고 있으므로 글의 제목으로는 '소주의 정체(正體)'가 가장 적절하다.

30. ②

② 두 번째 문단 첫 번째 문장에서, "사람이 개입되는 것은 사물 인터넷이 아니라고 이야기하면서~ 사물의 지능을 중요시하는 경향이 있는데, 두 가지 모두 그릇된 것이다."라고 했으므로 사물 인터넷이 인간의 개입 없이 서로 소통하는 것으로 정의한 것은 글쓴이의 견해에 부합하지 않는다.

31. ④

제시된 그림과 같이 쌓기 위해 필요한 블록의 개수는 11+7+4+2=24개이다.

32. ⑤

A	B
C	

$(A+B)-2=C$

∴ 6+10−2=14

33. ①

②⑤ 평면과 정면의 모양이 제시된 모양과 다르다.
③ 정면과 측면의 모양이 제시된 모양과 다르다.
④ 평면과 측면의 모양이 제시된 모양과 다르다.

34. ③

• 서원각의 매출액의 합계를 x, 소정의 매출액의 합계를 y로 놓으면

$x+y=91$

$0.1x:0.2y=2:3 \ \rightarrow \ 0.3x=0.4y$

$x+y=91 \ \rightarrow \ y=91-x$

$0.3x=0.4\times(91-x)$

$0.3x=36.4-0.4x$

$0.7x=36.4$

$x=52$

$0.3\times52=0.4y \ \rightarrow \ y=39$

• x는 10% 증가하였으므로 $52\times1.1=57.2$
• y는 20% 증가하였으므로 $39\times1.2=46.8$

∴ 두 기업의 매출액의 합은 $57.2+46.8=104$

35. ④

①~⑦ 삼각형 7개와

①+②, ①+③, ②+⑦, ④+⑤, ①+③+④+⑤, ②+⑦+⑥, ①+②+③+④+⑤+⑥+⑦의 7개

∴ 14(개)

36. ②

제시된 글의 주제는 '모든 일은 원인에 따라 결과를 맺는다.'이다.

37. ③

'봉사자는 웃을 수 있다.'가 참이 되려면, '봉사자는 매사에 긍적적이다.'와 '긍정적인 사람은 웃을 수 있다.'가 필요하다.

따라서 ③이 정답이다.

38. ④

파리지옥이 저작운동을 한다는 내용은 없으며 수액을 분비해 곤충을 소화한다고 하였다.

39. ④

① 창의문은 익공식으로 지어졌다.
② 11개 건축물의 기둥 지름이 가장 큰 건축물은 무량사 극락전으로 2.20척이다.
③ 남원 광한루는 부연의 높이와 폭이 같다.
⑤ 충남의 건축물은 장곡사 상대웅전, 무량사 극락전 두 곳이 조사되었다.

40. ③

41. ①

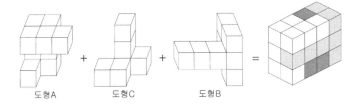

42. ②

〈보기〉의 내용은 고대 그리스의 민주주의나 대헌장은 대중 민주주의와는 거리가 멀다는 내용이다. (나) 앞에서는 대중 민주주의의 역사가 짧다고 말하며, (나)의 뒤에서는 대중 민주주의의 시작에 대해 말하고 있으므로 〈보기〉의 위치는 (나)가 적절하다.

43. ④

'거리＝속력×시간'이므로 A가 x분 동안 움직인 거리를 y라 하면 A는 $y=2x$, B는 $y=3(x-2)$이며, 서로 만난 다는 것은 움직인 거리가 같다는 뜻이므로 $2x=3(x-2)$이다.
∴ $x=6$(분)

44. ②

참가자의 수를 x라 하면, 전체 사탕의 개수는 $6x+4$
7개씩 나누어 주면 1명은 5개보다 적게 받으므로 $(6x+4)-\{7\times(x-1)\}<5$, $-x<-6$, $x>6$
∴ 참가자는 적어도 7명이다.

45. ③

③

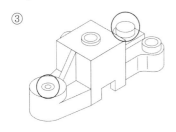

46. ④

주어진 글은 리셋 증후군의 개념과 증상에 대해 설명하는 글이다. 따라서 ④의 정신적 질환의 일종으로 분류된다는 진술은 앞 문장(리셋 증후군의 행동 양상)과 뒤 문장(청소년기 리셋 증후군의 영향)과 어울리지 않아 삭제하는 것이 적절하다.

47. ③

제시된 도형의 경우 화살표 방향이 시계 반대 방향으로 90°씩 회전하면서 중간의 선들이 하나씩 줄어들고 있다.

48. ②

1	③	2	③	3	③	4	①	5	③	6	③	7	④	8	③	9	④	10	⑤
11	④	12	④	13	③	14	①	15	②	16	②	17	⑤	18	③	19	③	20	②
21	③	22	①	23	①	24	⑤	25	⑤	26	②	27	③	28	①	29	②	30	⑤
31	③	32	③	33	④	34	②	35	④	36	③	37	③	38	④	39	③	40	③
41	③	42	⑤	43	①	44	②	45	③	46	①	47	①	48	⑤				

1. ③

제시된 글의 주제는 마지막 문장에 집약되어 있다. 따라서 이 글의 제목으로 ③이 가장 적절하다.

2. ③

제시된 단어는 상하 관계이기 때문에 연예인의 하의어인 가수가 답이 된다.

3. ③

단풍, 고추잠자리, 추수를 통해 가을을 유추할 수 있다.

4. ①

㈎의 앞에서 독립되어 존재하는 실체라고 언급하였고, 〈보기〉에서 독립된 존재란 무엇인가에 대해 서술하고 있으므로, ㈎에 들어가는 것이 적절하다.

정답 문항 수 :   / 48개
회   독   수 : ○○○○○

5. ③

메뉴별 이익을 계산해보면 다음과 같으므로, 현재 총이익은 60,600원이다. 한 잔만 더 판매하고 영업을 종료했을 때 총이익이 64,000원이 되려면 한 잔의 이익이 3,400원이어야 하므로 바닐라라떼를 판매해야 한다.

구분	메뉴별 이익	1잔당 이익
아메리카노	$(3,000-200) \times 5 = 14,000$(원)	2,800원
카페라떼	$\{3,500-(200+300)\} \times 3 = 9,0009$(원)	3,000원
바닐라라떼	$\{4,000-(200+300+100)\} \times 3 = 10,200$(원)	3,400원
카페모카	$\{4,000-(200+300+150)\} \times 2 = 6,700$(원)	3,350원
캐러멜라떼	$\{4,300-(200+300+100+250)\} \times 6 = 20,700$(원)	3,450원

6. ③

③ 브라질과 인도의 무역수지를 더한 값은 중국의 무역수지 값보다 작다.
① 중국이 26,574,985로 수출금액이 가장 크다.
② 그리스는 54,958로 수출건수가 가장 적다.
④ 브라질과 그리스의 수입금액의 합은 14,373,131로 중국의 수입금액보다 104,174 크다.
⑤ 위 4개국 중 유일하게 그리스만 무역수지 적자를 기록하고 있다.

7. ④

8. ③

제시된 전개도를 접으면 ③이 된다.

9. ④

주어진 문단에서 참다운 친구를 잃은 현대인의 공허함을 메워주고 친구의 역할을 대신 해주는 텔레비전의 모습을 제시하고 있으므로 빈칸에 들어갈 가장 적절한 문장은 '대화 상대가 필요한 현대인에게 좋은 친구가 될 수 있다.'이다.

10. ⑤

하루 8시간에 일하는 양은 갑+을=$\frac{1}{4}$, 을+병=$\frac{1}{3}$, 갑+병=$\frac{5}{12}$이므로, 갑, 을, 병이 다 같이 작업할 때 8시간 만에 끝내는 양은 갑+을+병=$\frac{1}{2}$이다.

∴ 8시간씩 이틀 동안 작업하여 기계 1대를 만들 수 있으므로, 하루 4시간씩 작업하여 기계 20대를 만드는 데 걸리는 일수는 80일이다.

11. ④

5층	시후(또는 재희)
4층	미영
3층	승현
2층	소은
1층	재희(또는 시후)

12. ④

농부와 의사의 집은 서로 이웃해 있지 않으므로, 가운데 집에는 광부가 산다. 가운데 집에 사는 사람은 광수이고, 개를 키우지 않는다. 파란색 지붕 집에 사는 사람이 고양이를 키우므로, 광수는 원숭이를 키운다. 노란 지붕 집은 의사의 집과 이웃해 있으므로, 가운데 집의 지붕은 노란색이다. 따라서 수덕은 파란색 지붕 집에 살고 고양이를 키운다. 원태는 빨간색 지붕 집에 살고 개를 키운다.

13. ③

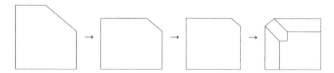

14. ①

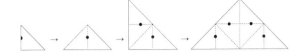

15. ②

각 기호의 규칙

- ☺ : 맨 앞자리의 문자를 맨 뒤로 보낸다.
- ☻ : 맨 끝자리 문자를 삭제한다.
- ◉ : 맨 앞자리의 문자와 맨 끝자리의 문자를 바꾼다.
- ✿ : 맨 앞자리 문자에 O를 더한다.

∴ KIMM → IMMK → MMKI

16. ②

A에서 출발하여 C를 거치지 않고 D에 도착하는 경우의 수=(A에서 B를 거쳐 D에 도착하는 경우의 수)−(A에서 B와 C를 거쳐 D에 도착하는 경우의 수)

- A에서 B를 거쳐 D에 도착하는 경우의 수(A에서 B로 가는 경우의 수)×(B에서 D로 가는 경우의 수

$$=\frac{5!}{2!\times 3!}\times\frac{6!}{4!\times 2!}=10\times 15=150$$

- A에서 B와 C를 거쳐 D에 도착하는 경우의 수(A에서 B로 가는 경우의 수)×(B에서 C로 가는 경우의 수)×(C에서 D로 가는 경우의 수)

$$=\frac{5!}{2!\times 3!}\times\frac{3!}{2!\times 1!}\times\frac{3!}{2!\times 1!}=10\times 3\times 3=90$$

∴ (A에서 B를 거쳐 D에 도착하는 경우의 수)−(A에서 B와 C를 거쳐 D에 도착하는 경우의 수)=150−90=60 (개)이다.

17. ⑤

이 글은 예술작품의 복제본이 원본과는 다른 예술적 속성을 가질 수 있다는 것을 사진작가 빌 브란트의 예를 통해 드러내고 있다.

18. ③

제시된 그림과 같이 쌓기 위해 필요한 블록의 개수는 13+8+3+1=25개이다.

19. ③

소금의 양을 x라 하면 $\dfrac{x}{600+400}\times 100=3$이므로 $x=30$이다.

따라서 원래 식염수의 농도는 $\dfrac{30}{600}\times 100=5\,(\%)$이다.

20. ②

$xyz=2450=2\times 5^2\times 7^2$에서, 세 사람의 나이로 가능한 숫자는 2, 5, 7, 10, 14, 25, 35이고, 이 중 세 수의 합이 46인 조합은 (7, 14, 25)만 가능하다.

∴ 최고령자의 나이는 25세이다.

21. ③

③ 디지털화는 공장 내 사물들 간에 소통이 가능하도록 물리적 아날로그 신호를 디지털 신호로 변환하는 것이다.
①② 두 번째 문단에서 언급하고 있다.
④⑤ 세 번째 문단에서 언급하고 있다.

22. ①

① 동건의 아들은 창정인데, 동건은 우성의 외삼촌이므로 창정과 우성은 이종사촌이다.

23. ①

'발명가는 창의적인 사람이다.'가 참이 되려면, '발명가는 호기심이 많다.'와 '호기심이 많은 사람은 창의적인 사람이다.'가 필요하다.
따라서 ①이 정답이다.

24. ⑤

주어진 수열은 주어진 수에 각 자리의 수를 더하면 다음 수가 되는 규칙을 가지고 있다. 따라서 빈칸에 들어갈 수는 $621+6+2+1=630$이다.

25. ⑤

① 가 : $\dfrac{8,409}{12} \fallingdotseq 701$

② 나 : $\dfrac{12,851}{14} \fallingdotseq 918$

③ 다 : $\dfrac{10,127}{15} \fallingdotseq 675$

④ 라 : $\dfrac{11,000}{17} \fallingdotseq 647$

⑤ 마 : $\dfrac{20,100}{21} \fallingdotseq 957$

26. ②

주어진 식은 '\$ 앞의 수의 제곱 - 뒤의 수'의 규칙을 가지고 있다. 따라서 빈칸은 $4^2 - 5 = 11$이다.

27. ③

$t(\text{시간}) = \dfrac{m(\text{거리})}{v(\text{속력})}$ 이므로, 지호의 운동시간은 다음과 같이 계산할 수 있다.

$\dfrac{1.2}{4} + \dfrac{1.2}{6} + \dfrac{1.2}{8} + \dfrac{1.2}{10} + \dfrac{1.2}{10}$

$= 0.3 + 0.2 + 0.15 + 0.12 + 0.1$

$= 0.87(\text{시간})$

0.87시간은 52.2분이므로 52분 12초 동안 운동했고, 중간에 10분 휴식했으므로,

∴ 총 운동시간은 1시간 2분 12초이다.

28. ①

개요에 따르면 본론에서는 '교통 체증으로 인한 문제, 교통 체증의 원인, 교통 체증의 완화 방안'에 대한 내용을 다루게 된다.

①은 교통 체증의 완화 방안 중 하나이다. 그러나 개요에서 교통 체증 완화 방안의 구체적인 내용으로 '제도 보완, 교통 신호 체계 개선, 운전자의 의식 계도' 등은 구성되어 있지만, '도로 활용'에 대한 내용은 없으므로 ①은 본론에 들어가기에 적절하지 않다.

②는 '본론 3. (2)'에, ③은 '본론 1. (1)'에, ④는 '본론 2. (3)'에, ⑤는 '본론 3. (2)'에 해당하는 내용이다.

29. ②

ⓛ 갑조선의 정의와 1430년대 당시 주변국과 우리나라 군선의 차이

ⓜ 중국식 조선법을 채택하게 된 계기

㉠ 태종 때 군선 개량의 노력

ⓒ 세종 때 군선 개량의 노력

㉢ 단조선으로 복귀하게 된 계기와 조선시대 배가 평저선구조로 일관된 이유

30. ⑤

⑤ 위 글에서는 인공조형물에 대한 설명이 없으므로 보기 ⑤가 적절하지 않은 것이다.

31. ③

②⑤ 평면, 정면, 측면 모두 제시된 모양과 다르다.

32. ③

A	
B	C

$A+B+1=C$

$\therefore$ $7+6+1=14$

33. ④

34. ②

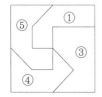

35. ④

$$\begin{cases} x + y = 1000 \\ 1.1x + 0.9y = 1000 \times 1.04 = 1040 \end{cases}$$

연립방정식의 해는 $x = 700,\ y = 300$이다.

∴ 올해 생산된 x제품의 수는 $700 \times 1.1 = 770$(개)

36. ③

③ 세 번째 문단에서 '얼짱'은 주로 젊은 층에서 쓰는 속어임에는 틀림없다고 언급하고 있다.

37. ③

① Bleach는 가장 작은 포켓북이므로 마지막 순서에 온다.
② Slam Dunk와 The Moon and Sixpence 둘 중 어떤 책이 더 큰지는 알 수 없다.
④ Demian이 더 큰지 Slam Dunk가 더 큰지 알 수 없다.
⑤ 알 수 없다.

38. ④

④ 제시된 지문에서는 캥거루족이 증가하고 있는 사실에 대해서만 서술하고 있을 뿐 그 원인이 실업 때문이라는 언급은 없다.

39. ③

㉠ 영어 성적과 중국어 성적 둘 다 90 이상인 학생 수 : 7명
㉡ 영어 성적과 중국어 성적 둘 다 90 미만인 학생 수 : 14명
㉢ 영어 성적만 90 이상인 학생 수 : $(x+5)$명
㉣ 중국어 성적만 90 이상인 학생 수 : x명
㉤ 전체 50명이므로 $7 + 14 + (x+5) + x = 50,\ x = 12$
∴ 중국어 성적이 90점 이상인 학생은 ㉠ + ㉣, $7 + 12 = 19$(명)이다.

40. ③

 〈보기〉에 제시된 블록의 총 개수는 18개이다. 도형 A의 블록 수가 7개이고, 도형 B의 블록 수가 6개이므로 도형 C는 5개의 블록으로 이루어진 모양이어야 한다. 따라서 ①, ②, ④는 제외하고 블록의 모양을 판별하도록 한다. 특징적인 도형을 기준으로 삼아 회전 시의 모양을 유추하도록 한다. 9개의 블록으로 구성되어 있는 면에서 왼쪽 제일 위 블록과 오른쪽 제일 아래 블록을 모두 가지고 있는 모양이 필요하므로 답은 ③번이다.

41. ③

③

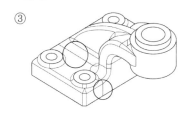

42. ⑤

정수가 하루에 하는 일의 양은 $\frac{1}{6}$, 선희가 하루에 하는 일의 양은 $\frac{1}{12}$

선희는 처음부터 8일 동안 계속해서 일을 하였으므로 , 선희가 한 일의 양은 $\frac{1}{12} \times 8$

(일의 양) − (선희가 한 일의 양) = (정수가 한 일의 양) → $1 - \frac{8}{12} = \frac{4}{12}$

정수가 일을 하는데 걸린 시간은 $\frac{4}{12} \div \frac{1}{6} = 2$(일)

(작업 기간) − (정수가 일한 기간) = (정수가 쉬었던 날), 8 − 2 = 6
∴ 정수가 쉬었던 기간은 6일이 된다.

43. ①

제시된 글에서 지구 온난화가 발생하는 원인에 대한 답은 확인할 수 없다.
② 과학자들은 유공충 화석을 통해서 차가운 북대서양 바닷물에 빙하가 녹은 물이 초당 십만 톤 이상 들어오면 전 지구적인 해수의 연직 순환이 느려져 지구의 기후가 변화한다는 컴퓨터 시뮬레이션 결과를 입증하는 실제 증거를 찾을 수 있었다.
③ 신드리아스 기의 원인은 전 지구적인 해수의 연직 순환 이상이었다.

④ 지구 온난화로 인해 북반구의 고위도 지역의 강수량이 증가하고 극지방의 빙하가 녹은 물이 대량으로 바다에 유입되면 바닷물의 밀도에 영향을 준다.

⑤ 지난 10년 동안 염분 농도가 많이 낮아졌다.

44. ②

$$\{80 \times (15,000 \times 1.15)\} + \{20 \times (15,000 \times 1.15 \times 0.9)\} - (100 \times 15,000)$$
$$= 1,380,000 + 310,500 - 1,500,000 = 190,500원$$

45. ③

제시된 그림과 같이 쌓기 위해 필요한 블록의 개수는 13+6+3=22개이다.

46. ①

제시된 지문에서 '민주주의는 주권재민 사상과 법치주의에 토대를 두고 있는 정치제도로 인간이 발명한 정치제도 중 가장 부작용이 적은 정치제도'라고 말한다. 하지만 이 역시도 맹점이 존재하기 하며 이를 극복하기 위해서는 주권자의 정치 참여가 필수적이라고 주장한다.

47. ①

1열과 2열의 내부 도형과 선이 합쳐서 3열의 도형이 되며 내부 도형이 겹쳐지는 경우 3열에서 색칠되어 표시된다. 빈칸이 제시된 행의 3열을 보면 색칠된 도형이 있으므로 2열과 같은 위치에 삼각형이 있음을 알 수 있고 2열에 없는 세로선을 가지고 있음을 알 수 있다.

48. ⑤

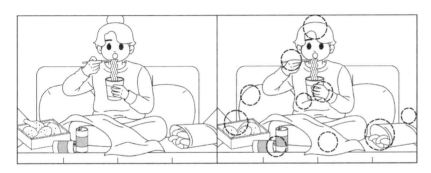

1	①	2	②	3	②	4	③	5	④	6	②	7	③	8	④	9	⑤	10	③
11	②	12	⑤	13	⑤	14	③	15	④	16	①	17	⑤	18	②	19	⑤	20	⑤
21	④	22	①	23	①	24	④	25	④	26	②	27	④	28	③	29	⑤	30	⑤
31	②	32	⑤	33	②	34	①	35	④	36	⑤	37	③	38	③	39	①	40	④
41	④	42	④	43	②	44	⑤	45	④	46	③	47	②	48	①				

1. ①

글의 초반부에서 '소수의 영웅들을 전면에 내세움으로써 그 이면에 있는 다수의 실패자들을 은폐하는 역할을 한다.'는 진술을 통해 ①의 내용이 잘못되었음을 알 수 있다. 또한 '자본주의는 지극히 공정하고 정당한 방식으로 운영되고 있으며, 오직 부족한 것은 개인의 능력과 노력인 것처럼 보인다.'고 진술된 부분은 겉으로 그렇게 보일 뿐이지 실제는 그렇지 않다는 진술이므로 결국 ①의 진술은 틀린 것이다.

2. ②

'가이드는 신뢰할 수 있는 사람이다.'가 참이 되려면, '가이드는 많은 정보를 알고 있다.'와 '많은 정보를 알고 있는 사람은 신뢰할 수 있는 사람이다.'가 필요하다.
따라서 ②가 정답이다.

3. ②

• 두 번째 조건의 대우는 '영국에 간다면 프랑스에 가지 않는다'이다.
• 첫 번째 조건에서 영국에 간다고 했으므로, A군은 프랑스에는 가지 않는다.
• 세 번째 조건에서 프랑스에 가거나 독일에 간다고 했으므로, A군은 독일에 간다.
• 네 번째 조건의 대우는 '독일에 간다면, 스위스에 간다'이므로 A군은 스위스에 간다.
따라서 A군은 영국, 독일, 스위스, 이탈리아에 가게 된다.

4. ③

화자는 문두에서 한 번에 두 가지 이상의 일을 하는 것은 마음에게 흩어지라고 지시하는 것이라고 언급한다. 또한 글의 중후반부에서 당신이 하는 모든 일은 당신의 온전한 주의를 받을 가치가 있는 것이어야 한다고 강조한다. 따라서 이 글의 중심 내용은 ③이 적절하다.

5. ④

㉠ 설문 조사에 참여한 장노년층과 농어민의 수가 제시되어 있지 않으므로 이용자 수는 알 수 없다.
㉢ 스마트폰 이용 활성화를 위한 대책으로 경제적 지원이 가장 효과적인 취약 계층은 저소득층이다.

6. ②

참가자의 수를 x라 하면 전체 귤의 수는 $5x+3$, 6개씩 나누어 주면 1명만 4개보다 적게 되므로,
$(5x+3) - \{6 \times (x-1)\} < 4$
$-x < -5$
$x > 5$
∴ 참가자는 적어도 6인이 있다.

7. ③

제시된 도형을 위에서 내려다보았을 때의 형태는 ③이 적절하다.

8. ④

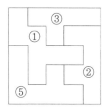

9. ⑤

'국제화 시대를 맞이하여 우리 모두가 혼혈인에 대한 차별적인 시각을 버려야 한다.'를 주제문으로 보았을 때, '혼혈인의 민족의식을 고취시키기 위한 교육 프로그램을 개발한다.'라는 해결 방안은 주제의 통일성에 어긋난다. 앞에서 우리나라 사람들이 혼혈인에 대해 편견을 가지고 있는 원인 중의 하나로 '단일 민족 국가라는 의식이 강하게 드러나고 있음'이기 때문에 민족적 차원에서 벗어나서 인류적 차원의 의식을 갖도록 유도하는 방안이 필요하다. 또한 예상 독자를 일반 시민이나 학생 및 학부모로 설정하였기 때문에, 혼혈인이 아니라 일반 시민의 차별적인 의식을 바로잡기 위한 교육 프로그램을 개발해야 한다.

10. ③

소금의 양 = 소금물의 양 × 농도

12% 소금물의 양 $= x$, 4% 소금물의 양 $= (400 - x)$

농도가 각각 12%, 4%인 소금물을 섞었을 때 400g의 소금물이 되었는데 소금 30g을 더 넣었으므로, 농도가 16%인 소금물의 양은 430g이라는 것을 알 수 있다.

따라서 다음과 같은 식이 성립된다.

$$\frac{0.12x + 0.04(400 - x) + 30}{430} \times 100 = 16$$

$$12x + 4(400 - x) + 30 \times 100 = 16 \times 430$$

$$12x + 1600 - 4x + 3000 = 6880$$

$$8x = 2280$$

$$\therefore \ x = 285$$

11. ②

주어진 수열은 첫 번째 항부터 소수가 순서대로 더해지는 규칙을 가지고 있다. 따라서 빈칸에 들어갈 수는 54 + 17 = 71이다.

12. ⑤

주어진 식은 '% 앞의 수÷뒤의 수'를 한 값의 소수점 둘째 자리 수가 답이 된다. 따라서 빈칸은 5÷11＝0.454545⋯이므로 5이다.

13. ⑤

제시된 그림과 같이 쌓기 위해 필요한 블록의 개수는 11+6+2+1＝20개이다.

14. ③

 〈보기〉에 제시된 블록의 총 개수는 18개이다. 도형 A의 블록 수가 6개이고, 도형 B의 블록 수가 5개이므로 도형 C는 7개의 블록으로 이루어진 모양이어야 한다.

15. ④

AB	EF	CD

$A+B=E$, $C+D=F$

∴ 85(∵ 1+7＝8, 2+3＝5)

16. ①

거리＝속력×시간

집에서 편의점까지 걸린 시간＝x, 편의점에서 공원까지 걸린 시간＝$(70-x)$

$60 \times x + 110 \times (70-x) = 6000$

$50x = 1700$

∴ $x = 34$

17. ⑤

⑤ ⓛ은 육종은 오랜 기간 동안 동종 또는 유사 종 사이의 교배를 통해 이루어지는 데 반해, 유전자 변형은 아주 짧은 기간에 종의 경계를 넘어 유전자를 직접 조작하는 방식으로 이루어지기 때문에 서로 다르다고 주장한다. 즉, 유전자 변형 농작물에만 유전자 재조합 방식이 적용된다고 주장하는 것이다.

18. ②

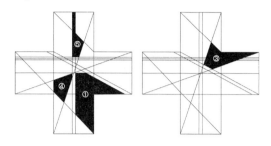

19. ⑤

A : $100 \times 0.05 = 5$

B : $20 \times 0.1 = 2$

C : $30 \times 0.15 = 4.5$

D : $40 \times 0.08 = 3.2$

E : $50 \times 0.14 = 7$

20. ⑤

영수가 걷는 속도를 x, 성수가 걷는 속도는 y라 하면

㉠ 같은 방향으로 돌 경우 : 영수가 걷는 거리 − 성수가 걷는 거리 = 공원 둘레 → $x - y = 6$

㉡ 반대 방향으로 돌 경우 : 영수가 간 거리 + 성수가 간 거리 = 공원 둘레 → $\frac{1}{2}x + \frac{1}{2}y = 6 \rightarrow x + y = 12$

∴ $x = 9,\ y = 3$

21. ④

④ 조선시대는 입법, 사법, 행정의 권력 분립이 제도화 되어 있지 않아 재판관과 행정관의 구별이 없었다고만 설명하여 재판관과 행정관의 역할을 알 수 없다.

22. ①

제시된 단어는 반의 관계이기 때문에 여성의 반의어인 남성이 답이 된다.

23. ①

군인, 면회, 제복을 통해 군대를 유추할 수 있다.

24. ④

둘 다 거짓이 될 때만 거짓이 되고, 둘 중에 하나만 참이 되어도 참이 된다. A가 월요일에 말했다면 이 말 전체가 참이 되는데, 그럼 월요일에 거짓말을 한다는 전제가 모순이 된다. 따라서 월요일은 아니다. 월요일이 아닌 다른 날에 한 진술은 참이어야 하므로 결혼을 하는 것은 진실이 된다.

25. ④

④ 주어진 자료로는 각 나라별 인구수를 알 수 없다.

26. ②

② B와 C가 취미가 같고, C는 E와 취미생활을 둘이서 같이 하므로 B가 책읽기를 좋아한다면 E도 여가 시간을 책읽기로 보낸다.

27. ④

A에서 출발하여 C를 거치지 않고 D에 도착하는 경우의 수＝(A에서 C를 거쳐 D에 도착하는 경우의 수)－(A에서 B와 C를 거쳐 D에 도착하는 경우의 수)

• A에서 C를 거쳐 D에 도착하는 경우의 수＝(A에서 C로 가는 경우의 수)×(C에서 D로 가는 경우의 수)

$$= \frac{6!}{3! \times 3!} \times \frac{5!}{3! \times 2!} = 20 \times 10 = 200$$

• A에서 B와 C를 거쳐 D에 도착하는 경우의 수＝(A에서 B로 가는 경우의 수)×(B에서 C로 가는 경우의 수)×(C에서 D로 가는 경우의 수)

$$= \frac{2!}{1! \times 1!} \times \frac{4!}{2! \times 2!} \times \frac{5!}{3! \times 2!} = 2 \times 6 \times 10 = 120$$

∴ (A에서 C를 거쳐 D에 도착하는 경우의 수)－(A에서 B와 C를 거쳐 D에 도착하는 경우의 수)＝200－120＝80(개)이다.

28. ③

㈐의 앞 문장에서 '잠을 잘 때 우리는 삶을 처음 시작할 때와 아주 비슷한 상황'으로 돌아간다고 제시되어 있고, 뒤의 문장에서는 그에 대한 근거 '많은 사람들이 잠을 잘 때 태아와 같은 자세를 취하는 것'에 대해 제시되어 있으므로 주어진 문장에 들어가기에 가장 적절한 곳은 ㈐이다.

29. ⑤

주어진 지문의 내용에 따르면 나보다 뒤에 났더라도 나보다 먼저 도를 들었다면 스승이라 할 수 있다고 하였고 나보다 먼저 났다고 해도 도를 듣지 못한 이는 스승이라 할 수 없다.

30. ⑤

구어를 활용한 글쓰기를 가능하게 한 것은 검색형 독서 방식으로의 변화이다.

31. ②

제시된 그림과 같이 쌓기 위해 필요한 블록의 개수는 10+4+1＝15개이다.

32. ⑤

각 기호의 규칙
- □ ABCD → A+4, B+4, C+4, D+4
- △ ABCD → A+3, B+3, C+3, D+3
- ○ ABCD → A−1, B−1, C−1, D−1

A	B	C	D	E	F	G	H	I	J	K	L	M	N	O	P	Q	R	S	T	U	V	W	X	Y	Z
1	2	3	4	5	6	7	8	9	10	11	12	13	14	15	16	17	18	19	20	21	22	23	24	25	26

∴ FOOT → IRRW → HQQV

33. ②

34. ①

해당 도형을 펼치면 ①이 나타날 수 있다.

35. ④

$P(A) = P(B)$, $P(A)P(B) = \dfrac{1}{9}$ 에서 $\{P(A)\}^2 = \dfrac{1}{9}$ 이므로, $P(A) = P(B) = \dfrac{1}{3}$

따라서 두 사건 A와 B가 배반사건이므로 $P(A \cup B) = P(A) + P(B) = \dfrac{1}{3} + \dfrac{1}{3} = \dfrac{2}{3}$

36. ⑤

ⓒ을 통해 유추할 때 중간세대의 역할은 신세대와 구세대 사이의 연결 고리임을 알 수 있다. 따라서 ⓜ에는 '다리 역할 하기' 등의 소제목을 넣을 수 있다.

37. ③

대은은 김씨도 아니고, 박씨도 아니므로 서씨이다. 대은은 2루수도 아니고, 1루수도 아니므로 3루수이다. 대은은 1루수보다 나이가 어리고, 박씨 성의 선수보다 나이가 어리므로 18세이다. 선호는 김씨가 아니므로 박씨이고, 나이가 가장 많으므로 24세이다.

	1루수	2루수	3루수
성	김	박	서
이름	정덕	선호	대은
나이	21세	24세	18세

38. ③

ⓒⓜ 글의 도입이고 이후의 주장 내용은 접속사와 연역법의 논리를 따라가며 순서를 정한다.
ⓗ 약육강식
㉠ 생태계 피라미드에서 상층의 존재들은 하층의 존재들을 마음대로 이용해도 된다.
㉣ 인간은 생태계 피라미드에서 가장 높은 위치에 있는 존재이다.
ⓛ 인간은 다른 동물들을 얼마든지 잡아먹어도 된다(결론).

39. ①

두 개의 주사위를 각각 a, b라고 할 때 합이 4보다 작거나 같을 확률은 다음과 같다.

㉠ $a+b=2$일 확률 : $\dfrac{1}{6} \times \dfrac{1}{6} = \dfrac{1}{36}$

㉡ $a+b=3$일 확률 : $a=1$, $b=2$ 또는 $a=2$, $b=1$이므로, $\dfrac{2}{36}$

㉢ $a+b=4$일 확률 : $a=1$, $b=3$ 또는 $a=2$, $b=2$ 또는 $a=3$, $b=1$이므로, $\dfrac{3}{36}$

$\therefore \dfrac{1+2+3}{36} = \dfrac{6}{36} = \dfrac{1}{6}$

40. ④

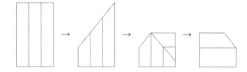

41. ④

제시된 종이 접기를 가위로 자른 후의 모양은 ④이다.

42. ④

④ 세 번째 문단을 보면 객관적인 성취의 크기로 보자면 은메달 수상자가 동메달 수상자보다 더 큰 성취를 이룬 것이 분명하나, 은메달 수상자와 동메달 수상자가 주관적으로 경험한 성취의 크기는 이와 반대로 나왔다고 언급하고 있다. 따라서 주관적으로 경험한 성취의 크기는 동메달 수상자가 은메달 수상자보다 더 큰 것을 알 수 있다.

43. ②

㉠ 할아버지의 현재 나이를 x, 손녀들 나이의 합을 y라고 했을 때 $x=5y$가 성립한다.

㉡ 10년 후에 할아버지의 나이는 $x+10$, 손녀들 나이의 합은 $y+20$이고, 할아버지의 나이가 손녀들 나이의 합의 3배가 된다고 하였으므로 $x+10=3(y+20)$이 성립한다.

이를 통해 할아버지의 현재 나이를 계산하면 $5y+10=3y+60$이므로 $2y=50$, $y=25$, $x=125$

$\therefore$ 할아버지의 현재 나이는 125세이다.

44. ⑤

원가를 x라 하면, $x \times (1+0.4) \times (1-0.3) = 9800$

$0.98x = 9800$

$\therefore \ x = 10,000$원

45. ④

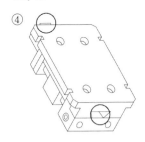

46. ③

빈칸의 뒤에는 말을 하거나 글을 쓰는 것과 같은 생산적인 행동에는 사고 작용이 따르며, 생산적인 행동 뒤에 사고 작용으로 발전된 생각을 얻기도 한다고 말하고 있으므로 ③의 내용이 적절하다.

47. ②

제시된 도형은 시계 방향으로 $90°$씩 회전하면서 선이 하나씩 추가되고 있다.

48. ①

상식
용어사전
시리즈

합격GO!

1 빈출 일반상식

공기업/공공기관 채용시험 일반상식에서 자주 나오는 빈출문항을 정리하여 수록한 교재! 한 권으로 일반상식 시험 준비 마무리 하자!

2 중요한 용어만 한눈에 보는 시사용어사전 1152

매일 접하는 각종 기사와 정보 속에서 현대인이 놓치기 쉬운, 그러나 꼭 알아야 할 최신 시사상식을 쏙쏙 뽑아 이해하기 쉽도록 정리했다!

3 중요한 용어만 한눈에 보는 경제용어사전 1007

주요 경제용어는 거의 다 실었다! 경제가 쉬워지는 책, 경제용어사전!

4 중요한 용어만 한눈에 보는 부동산용어사전 1300

부동산에 대한 이해를 높이고 부동산의 개발과 활용, 투자 및 부동산 용어 학습에도 적극적으로 이용할 수 있는 부동산용어사전!

자격증 기출문제 총집합!

자격증 별로 정리된 기출문제로 깔끔하게 합격하자!

기출문제로 자격증 시험 준비하자!

스포츠지도사, 손해사정사, 손해평가사, 농산물품질관리사, 수산물품질관리사, 관광통역안내사, 국내여행안내사, 보세사, 건축기사, 토목기사